Matrifokalität

Bildnachweis:

Foto Cover Vorderseite: Die Urmutter von Menton,
Barma Grande, Italien, (24 000-19 000 v.u.Z.),
Foto Franz Armbruster, Museum Willendorf, Österreich

Foto Cover Rückseite: Die Urmutter von Willendorf an
Originalfundstelle, Willendorf, Österreich,
(25 000 v.u.Z.),
Foto Franz Armbruster

Kirsten Armbruster

Matrifokalität – Mütter im Zentrum

Ein Plädoyer für die Natur

Weckruf für Zukunft

Bibliografische Information der Deutschen Nationalbibliothek
Die Deutsche Nationalbibliothek verzeichnet diese Pub-
likation in der Deutschen Nationalbibliografie; detaillier-
te bibliografische Daten sind im Internet über
http://dnb.d-nb.de abrufbar.

Herstellung und Verlag:
BoD - Books on Demand, Norderstedt
ISBN 978-3-7357-7493-4

Die Utopie des Patriarchats ist schon seit der Antike eine mutterlose Welt, die auch die Natur verändern will, sozusagen in Richtung einer „Umschöpfung", bei der am Ende eine verkehrte männliche Natur bzw. Schöpfung herauskommt. Der männliche Gott ist lediglich die erste Ausdrucksform davon.

Werlhof, Claudia: Die Verkehrung
(2011, S. 25)

Widerstand beginnt mit dem Wissen um die Möglichkeit, Dinge auch anders denken zu können

Inhalt

Matrifokalität – Mütter im Zentrum als artgerechte Urform menschlichen Zusammenlebens

Matrifokalität bedeutet, dass die Mütter im Zentrum der Gemeinschaft stehen. Auf der Basis von Matrifokalität konnte sich im Paläolithikum und im Neolithikum (Altsteinzeit und Jungsteinzeit) auch in Europa eine Zivilisation der Mütter entwickeln, die bis heute prägende Spuren hinterlassen hat. (Armbruster, Kirsten: Der Jacobsweg, 2013, S. 112-118).

Matrifokalität – die Mütter im Focus des Lebens
Das Fundament für die Entwicklung einer menschlichen Kultur war die Lebensbasis der Matrifokalität, d.h. die Mütter standen im Focus, im Zentrum der Gemeinschaft. Die mit Matrifokalität verbundene, enge, matrilineare Großmutter-Mutter-Tochter-Schwester-Ahninnenlinien-gemeinschaft, die ihre Verwandtschaft für alle leicht nachvollziehbar, konsanguinal und nabelabstammend definierte, war aus heutiger Sicht nicht nur die Grundlage, sondern die Voraussetzung für die Kulturentwicklung der Menschen überhaupt, denn Menschen zählen zu den besonders unreif und daher auch besonders fürsorgebedürftigen Spezies. Nur die enge, lebenslange Großmutter-Mutter-Tochter-Schwestergemeinschaft gewährleistete die optimalen, langfristig-stabilen Entwicklungsbedingungen für die nächste Generation. Das Frauenkollektiv der Sammlerinnen und im Neolithikum der Pflanzerinnen, das, wie wir heute wissen, 75 % der Nahrung herbeischaffte, sorgte hierbei für eine ökonomisch weit-

gehende weibliche Autarkie, ebenfalls ein wichtiges Stabilitätskriterium. Der Mann, der ja ebenfalls nabelabstammend-blutsverwandt in diese matrifokale Sippenstruktur hineingeboren wurde, war in die matrifokalen Lebensverhältnisse gut integriert: als Sohn und Bruder konsanguinal eng verwandt, als exogam-erotisch-sexueller Geliebter (siehe hierzu auch: www.gerhardbott.de: „Reflexionen zur Fruchtbarkeitssymbolik und zur kulturellen Entwicklung des menschlichen Sexualverhaltens"), als Jäger mit einem ökonomischen Gemeinschaftsbeitrag und, wie einige der paläolithischen Höhlenzeichnungen vermuten lassen, auch als Jagdschamane, wobei der Begriff Schamane sprachlich konnektiert ist mit der Scham, der Pudenda, der Vulva der Frau, was assoziiert, dass Schamanen innerhalb der Religion von Gott der MUTTER wirkten, in dem Bewusstsein von der Mutter geboren zu sein und von ihr, wie die Naturzyklen es nahe legen, auch wiedergeboren zu werden. Matrifokalität bewegt sich immer zwischen zwei lebensoptimierenden Polen. Erstens der selbstbestimmten, freien Sexualität der Frau, der sogenannten **female choice** (Bott, Gerhard; 2009; Uhlmann, Gabriele; 2011/2012), und zweitens, der für das Überleben der Art ebenso wichtigen, durch Chemotaxis gesteuerten **Exogamie**, die eine Sexualität innerhalb von konsanguinal Verwandten ausschließt. (Bott, Gerhard; 2009, S. 57-72).

Bei einer freien und wechselnden Sexualität der Frau spielt Vaterschaft keine Rolle, denn die Natur hat ja den Weg gewählt, dass Männer sich kaum sicher sein können der leibliche Vater zu sein, es sei denn, sie versuchen die freie Sexualität der Frauen zu beschneiden, wie es im Patriarchat durch politisch-theologische Keuschheitsindoktrinationen geschieht. Die freie female choice der Frau ist hingegen aus Sicht der Natur optimal, denn sie gewährleistet eine genetische Vielfalt bei gleichzeitiger, den natürlichen Lebensbedingungen angepasster Vermehrung, was zu einem Gleichgewicht zwischen Ernährungsmöglichkeit und Bevölkerungswachstum führt.

Heute hingegen stehen wir vor der Situation, dass, wie die neueste NASA-Studie von 2014 zeigt, das Ende der „menschlichen" Zivilisation" vorausgesagt wird. Einer der Hauptgründe für den prognostizierten Untergang dieser patriarchalen Zivilisation ist das aus dem natürlichen und ursprünglichen Verantwortungsbereich der Frauen annektierte Geburtsverhalten, das zu einem exponentiellen Bevölkerungswachstum geführt hat, das heute den natürlich vorhandenen Ressourcenvorrat der Erde sprengt. Dem liegt **die Idee des Vaters als Hauptmaßstab für Männlichkeit** zugrunde mit seinem Dogma „Seid fruchtbar und mehret euch" als sichtbares Zeichen für **männliche Potenz**. Diese Idee vom potenzgesteuerten Vater, der sich im Zuge der Rinderdomestikation durch Hirtennomaden zunehmend sozial und theologisch zum **Oberhaupt einer Paarungsfamilie** aufgeschwungen hat, erweist sich heute in der Kombination mit einer ständigen **Gier nach Akkumulation von Privateigentum** als tödliche Bedrohung für den Lebensraum der Erde.

Das heute wieder freigelegte **Wissen um Matrifokalität**, und die damit verbundene natürliche und freie sexuelle **female choice** ermöglichen uns aber der patriarchalen Lebensweise etwas entgegenzusetzen, indem sowohl die Fruchtbarkeit als auch die ökonomische Unabhängigkeit wieder in den Verantwortungsbereich der Mütter gelegt werden und auch, indem eine Theologie, die der Frau die Göttlichkeit abspricht, vom Staat nicht länger protegiert wird: Denn das Patriarchat konnte nur in einer Kombination von Politik und Theologie mit struktureller Gewalt durchgesetzt werden.

Der zweite, ebenso wichtige Faktor der Matrifokalität, die **sexuelle Exogamie** verdient ebenso Beachtung, auch dadurch, da sie sich, wie Bott gut herausgearbeitet hat, zwischen der Lebensform des Wildbeutertums und der Sesshaftigkeit wesentlich unterschied. (Bott, Gerhard; 2009, S. 57-72; www.gerhardbott.de: Zur sozialen Ordnung der Bovidenzüchter; S. 7-12). Dies macht es heute aber auch möglich daraus zu lernen und **engagierte Väter** in die Matrifokalität zu integrieren.

Bott beschreibt die **alte matrifokale Ordnung der WildbeuterInnen** folgendermaßen:

„Die als Sammlerinnen kooperierende Gemeinschaft der Frauen mit ihren Abkömmlingen beschaffte mindestens zwei Drittel der Gesamtmenge ihrer als autarke Lebens- und Wirtschaftsgemeinschaft nomadisierenden Genossenschaft, der etwa 30 geschlechtsreife Frauen/Mütter mit deren 60 Abkömmlingen, d.h. Kindern und Heranwachsenden angehörten, sowie 30 geschlechtsreife exogame Männer. Diese 30 aus anderen Wildbeuter-Genossenschaften stammenden und von den Frauen in die Genossenschaften aufgenommenen Männer beschafften durch die Jagdbeute des Jägerkollektivs im Durchschnitt ein Drittel der Gesamtnahrung, je nach Jägerglück manchmal weniger, manchmal mehr. Da die 30 erwachsenen Frauen/Mütter alle miteinander blutsverwandt waren, d.h. derselben kon-

sanguinalen Geburtsfamilie entstammten, bildeten sie mit ihren Kindern eine matrilineare Blutsfamilie, zu welcher also mit Ausnahme der „fremdblütigen" Männer, etwa 90 Individuen der Genossenschaft von 120 Köpfen gehörten. Die 30 geschlechtsreifen Männer, die als „Familien-Fremde" von jener gemeinsam lebenden und sammelnden Blutsfamilie in ihren (biologischen) Sozialverband aufgenommen wurden, waren die exogamen Sexualpartner der Frauen ... und betrachteten deren Blutsfamilie als ihre neue Lebensgemeinschaft, nachdem sie, sobald geschlechtsreif geworden, ihre eigene matrilineare Blutsfamilie, in die sie hineingeboren worden waren, zu verlassen hatten, um Platz zu machen für die fremden, exogamen Männer, die von ihren Müttern, Schwestern, Cousinen in ihre Wirtschaftsgemeinschaft aufgenommen wurden (vgl. mein Kapitel II, S. 22 ff.). Die Männer waren also für die Frauen Fremde, denn sie mussten Familien-Fremde sein. Sie waren aber durch Sexual- und Liebesbeziehungen mit den Frauen ihres neuen Sozialverbandes eng verbunden. (www.gerhardbott.de: Zur sozialen Ordnung der Bovidenzüchter; S. 7).

Bott ergänzt zwei Seiten weiter die Beschreibung der paläolithischen Lebensverhältnisse:

„Jeder junge Mann einer paläolithischen Lebens- und Wirtschaftsgemeinschaft wird nach seiner Pubertät den Tag mit Ungeduld erwarten, an dem er seine Geburtsgenossenschaft verlassen kann, weil dort ja alle weiblichen Wesen der Blutsfamilien-Exogamie wegen für ihn sexuell tabu sind. Wenn er als junger Jägers-Mann aufgenommen wird in eine andere blutsfremde. Wildbeutergenossenschaft, eröffnet sich ihm die Chance seine gerade erwachte Sexua-

lität auszuleben, sofern ein (oder mehrere) der Frauen ihn zum Sexualpartner wählen. Regelmäßig wird der junge Mann in diejenige Genossenschaft eingeführt werden, in welche der Bruder seiner Mutter oder sein älterer (matrilinearer) Bruder zuvor bereits aufgenommen worden waren und diese blutsverwandten Männer initiieren ihren jungen matrilinearen Blutsverwandten in ihr Jägerkollektiv und sorgen für seine Ausbildung". (ebenda, S. 9-10).

Bereits in seinem Buch „Die Erfindung der Götter" (2009) hat Bott darauf hingewiesen, dass zur exogamen Blutsfamilie der endogame Stamm gehörte, d.h., dass die Blutsfamilien zwischen denen Exogamie stattfand sich kannten, weil es den Homo sapiens Müttern ein Anliegen gewesen sei, ihre Söhne gut aufgehoben zu wissen, was in sich logisch ist, denn die Natur hat es ja so eingerichtet, dass Mütter sowohl Töchter als auch Söhne gebären, was bedeutet, dass sie beiden Geschlechtern aufgrund der körperlichen Gegebenheiten fürsorglich verbunden sind.

Bott erkennt auch, dass Sesshaftigkeit und Zusammenleben am gleichen Ort im Zuge der Neolithisierung die Menschen vor neue Probleme bezüglich der Exogamie-Praxis stellen. Er schreibt:

„Während unter der „alten Ordnung", den Wildbeuterbedingungen" z.B. Mutter und Sohn, Bruder und Schwester voneinander örtlich getrennt wurden, so verblieben jetzt, nach der „neuen Ordnung" diese engen Blutsverwandten am gleichen Ort und begegneten einander ständig. Der vorher mit der Exogamie verbundene Wechsel des Ortes, der LOKALITÄT, entfällt nun mehr". (ebenda, S. 9).

Bott ergänzt eine Seite weiter:

„Unter den Bedingungen der Sesshaftigkeit vieler verschiedener Blutsfamilien am gleichen Ort .... erübrigt sich, um der Exogamie zu genügen, ein solcher Wechsel der Wirtschaftsgemeinschaft. Um eine Sexualpartnerin zu finden, müssen sich Männer und Frauen nur an ihrem Wohnort umsehen und ein junger Mann muss nicht mehr in eine entfernt nomadisierende blutsfremde Wirtschaftsgenossenschaft hinüberwechseln, denn er findet seine Sexualpartnerin am Wohnort .... Der Mann genügt der Exogamie-Notwendigkeit vollständig dadurch, dass er zum Schlafen und Beischlafen ins Haus seiner jeweiligen Sexualpartnerin geht oder lebt. Die hergebrachte Praxis der Matrilokalität wird also beschränkt auf das Sexualleben. (ebenda, S. 10).... Exogamie hat keine Auswirkungen mehr auf den Aufenthalts-Ort des Mannes und auf seine ökonomischen Verhältnisse". (ebenda, S. 11).

Da es sich unter heutigen Bedingungen erweist, dass die Kleinfamilien-Paarungsfamilie mit ihrer staatlich und theologisch sanktionierten Institution der Ehe nicht geeignet ist einen verlässlichen-langfristigen Rahmen für ein Aufwachsen von Kindern zu bilden, was die durchschnittlichen Scheidungsraten von 40 % unter nicht repressiven religiösen und ökonomischen Frauenabhängigkeitsverhältnissen zeigen, rückt das Interesse für Matrifokalität immer mehr in den Vordergrund. Gerade weil, wie Bott beschreibt, im Paläolithikum die matrilinear verwandten Frauen blutsfremde Männer, die ja die Zeuger ihrer Kinder waren, in ihre Lebensgemeinschaft integrierten, könnte dies auch ein Vorbild für heutige Väter sein.

Am Anfang war Gott die MUTTER

Am Anfang des menschlichen Bewusstseins war Gott die MUTTER. Sie war das allumfassende göttliche Verständnis der Steinzeit, die göttliche Mutter des Paläolithikums und des Neolithikums. Sie war Mutter Erde, aber auch der Kosmos. Frau Sonne und Frau Mond spiegelten ihr göttliches Sein. Das Männliche und das Weibliche wurden von ihr geboren und, wenn es verstarb, kehrte es zu ihr zurück, um von Neuem wiedergeboren zu werden, so wie die Sonne jeden Abend im Westen im Leib der Erdmutter verschwand, um am Morgen im Osten wiedergeboren zu werden. Gott die MUTTER war die parthenogenetisch Gebärende, die Allmutter, die Große aseitätische Jungfrau, die Almudena, die Panagia, die Dea Mater, die Pachamama. Und diese Gott die MUTTER steht für den Anfang von Religion, den Glauben der Menschen in einer matrilinearen AhnInnenlinie durch die **Rote Nabelschlange der Mutter** wiedergeboren zu werden. Die Menschen lebten aus diesem Verständnis des Lebens heraus matrifokal, d.h. die Mütter standen im Focus, im Zentrum der Gemeinschaft. Da vor Gott der MUTTER alle gleich waren, lebten die Menschen **egalitär**, was an den Gruppenbestattungen der Steinzeit auch archäologisch offensichtlich ist.

Die ursprüngliche Wurzel von Religion:
Das Verb „**Religare**" stammt aus dem Lateinischen und bedeutet: **Anbinden, Losbinden und Zurückbinden**. So weist dieses Wort in seiner Bedeutung auch heute noch darauf hin, dass es bei Religion ursprünglich um **Bindung** ging. Die engste körperliche Bindung, die Menschen im Leben jemals haben, ist die zwischen Mutter und Kind im Mutterleib. Diese Bindung beruht auf der

blutpulsierten roten Nabelschnur. Das Neugeborene kommt **an der Nabelschnur angebunden** auf die Welt. Um dort ein eigenständiges Leben zu führen, muss es von der Mutter **losgebunden** werden. Im **Zurückbinden** innerhalb der mütterlichen AhnInnenreihe schließt sich der Kreis: Der Tod wandelt sich in neues Leben. Im Patriarchat wird die mütterliche Religion, die auf der matrilinearen Abstammung beruht, durch kopfgeburtliche Theologien vermännlicht. Gott wird als Ergebnis dieser Kopfgeburt ein Vater. Das lateinische Wort „**Relegere**" wiederum bedeutet: **Wieder Zusammenlesen, Wieder Erwägen**. Religion heißt also nach patriarchatskritischer Freilegung: **Die Spuren von Gott der MUTTER wieder zusammenzulesen und Matrifokalität als natürliche Lebensform wieder zu erwägen.**

Mit dem Beginn des Metallzeitalters, in der **Kupfersteinzeit**, dem Chalkolithikum, ab dem späten 5. Jahrtausend im Vorderen Orient und ab 4300 v.u.Z. in Mittel- und Nordeuropa, können wir archäologisch diesbezüglich eine erste Veränderung feststellen. **Spuren von Gruppengewalt** und das **Auftauchen von Herrschergräbern** zum Beispiel in Warna, am Schwarzen Meer im heutigen Bulgarien, oder in Arsan Tepe in Anatolien, machen erstmals patriarchale hierarchische Gesellschaftsstrukturen sichtbar. Ökonomisch werden die Frauen nach ihrer zentralen Bedeutung als Sammlerinnen und Pflanzerinnen während der Steinzeit, im Zuge der fortschreitenden Rinderdomestikation und schließlich der Pferdedomestikation und dem Beginn des Pflugackerbaus aus ihrer **matrilinear-frauenkollektiven ökonomischen Unabhängigkeit** zunehmend hinausgedrängt.

In der **Bronzezeit** ab circa 3300 v.u.Z. im Vorderen Orient und im 2. Jahrtausend in Mittel- und Nordeuropa verschärft sich die patriarchale Überformung: Das **patriarchale Kriegszeitalter** beginnt. Mit dem Auftauchen von **Streitwagenkriegern** kommt es erstmals zu **Reichsgründungen** durch **kriegerische Eroberung**.

Gott die MUTTER, die Alles-Gebärerin der Steinzeit, wird in viele Göttinnen zerstückelt und die **Idee des Heros** wird entwickelt: **Der Mann, der mit seinem Blut die Welt retten soll**. Ein **männlicher Blutopferkult** beginnt, der sich in zwei Ausprägungen zeigt: als **Krieger** oder als **Blutopfer auf dem Altar einer politischen Theologie**, die über die Zwischenstufen erster männlicher Vegetationsgötter, einer **männlichen Vergöttlichung der Sonne**, wie beim ägyptischen Gott Aton, über von Männern geleitete **Götterpantheons**, wie dem **keltischen Dis Pater**, dem **griechischen Zeus**, dem **römischen Jupiter**, dem **germanischen Wotan** oder **Odin**, schließlich das Ziel hat, einen **monotheistischen Vater-Gott** gesellschaftlich zu implementieren, dessen vorläufig letztes theologisches Opfer der **christliche Jesus** darstellt.

Der Vater drängt sich also in den Vordergrund. Matrifokalität wird zunehmend durch **Patrilokalität** ersetzt, die sogenannte **Heilige Hochzeit** ist die Vorform der patriarchalen monogamen Ehe, die das Ziel hat die freie Sexualität der Frauen, die sogenannte female choice zu beenden, um männliche Herrschaft durchzusetzen und Vaterschaft bestmöglich abzusichern. Die Mutter, die im matrifokalen Lebenskontext in ein matrilineares AhnInnenkollektiv eingebettet war, wird im Zuge der Patriarchalisierung in einer bluts- und nabelfremden Verwandtschaftslinie isoliert und ökonomisch abhängig gemacht. Die Religion von Gott der MUTTER wird von den Vatergöttern erst zerschlagen und schließlich historisch unterschlagen. Über die Zwischenstufe der Idee der Göttin, deren Abstammung plötzlich von einem männlichen Gott abgeleitet wird, wie bei der von Göttervater Zeus kopfgeborenen Athene, die zudem als Kriegsgöttin missbraucht wird, oder der häufigen Rollenzuweisung als Ehefrau eines männlichen Gottes, wird der MUTTER die Göttlichkeit schließlich ganz abgesprochen. Helfershelfer für diesen **göttlichen Muttermord** sind die in vielen Kulturen verbreiteten **Drachentöter**, wie der babylonische Gott Marduk, der griechische Gott Apollon oder auch der christliche Michael, Georg oder Patrick. Die Drachenschlange, die sie töten, steht für das Töten von Gott der MUTTER und das Vergessenmachen der Matrifokalität, die ihre Verwandtschafts- und AhnInnenlinie auf der **roten Mutternabelschnur** begründet, die im Patriarchat durch eine väterliche Abstammung ersetzt werden soll und damit zerschlagen werden musste.

Im Patriarchat ist die Mutter nur noch die Dienerin des HERRN, die seine HERRlichkeit vervollkommnet. Der Feminismus, hat an diesem patriarchalen Status Quo bisher praktisch nichts verändert, denn die Mutter ist anscheinend mit ihrer **dem Patriarchat dienenden Muttertumsüberformung**, wie wir sie zum Beispiel im Nationalsozialismus finden, so traumatisch besetzt, dass kaum eine es wagt, in matrifokal verwurzelten Gemeinschaftsstrukturen zu denken und auch Gott die MUTTER wieder bei ihrem Namen zu nennen.

Die Geschichte der Matrifokalitätsforschung

Aus der Patriarchatskritikforschung der letzten Jahre heraus hat sich zunehmend die **Matrifokalitätsforschung** entwickelt, die sich angesichts der Krise der patriarchalen Zivilisation damit beschäftigt, **wie artgerechtes Leben von Menschen eigentlich von der Natur gedacht ist**.

Um dies zu verstehen, ist es unerlässlich sich mit den Wurzeln der Menschheit zu beschäftigen. Der Weg zum Verständnis von Matrifokalität ist allerdings von **patriarchalen Irrtümern** gepflastert, zu denen auch der **Matriarchatsbegriff** beigetragen hat, der immer wieder für Verwirrung sorgt. Gabriele Uhlmann hat die Erforschung der Matrifokalität, die sich aus der Patriarchats- und Urgeschichtsforschung als Essenz herauskristallisiert hat, in **sieben Erkenntnisphasen** eingeteilt und in einem lesenswerten Essay unter dem Titel „Patriarchats- und Urgeschichtsforschung: Erforschung der Matrifokalität" auf ihrer Website veröffentlicht. Ihre zusammenfassenden Überschriften dazu lauten:

„Erkenntnisphase 1: Johann Jacob Bachofens "Das Mutterrecht". Gynaikokratie als überwundene niedere Stufe menschlicher Kultur.

Erkenntnisphase 2: Lewis Henry Morgans Befunde und die Rezeption im Marxismus. Matriarchat als Urkommunismus.

Erkenntnisphase 3: Bachofens Mutterrecht und die Rezeption im Rechtsextremismus. Rückschritt: Das gute Patriarchat, das schlechte Matriarchat.

Erkenntnisphase 4: Feministische Matriarchatsforschung, Patriarchatskritik und die Vereinnahmung der Urgeschichtsforschung und Archäologie. Das gute Matriarchat. Das unbewusste Matriarchat C.G. Jungs.

Erkenntnisphase 5: Ideologische Kritik der Matriarchatsforschung, Patriarchatsforschung gewinnt an Bedeutung. Weder ein schlechtes Matriarchat noch ein gutes Matriarchat finden in der herrschenden Wissenschaft Anklang.

Erkenntnisphase 6: Forderung der Frauenforschung nach mehr Objektivität und Demokratisierung archäologischer Befunde und Vereinnahmung der Frauenforschung durch die etablierte Wissenschaft. Stillstand der Matriarchats- und Patriarchatsforschung.

Erkenntnisphase 7: Patriarchatsforschung im Auftrieb: Patriarchatskritik an System und SystemträgerInnen gestern und heute. Natürliche Matrifokalität und unnatürliches Patriarchat".
(Uhlmann, Gabriele: Patriarchats- und Urgeschichtsforschung: Erforschung der Matrifokalität; www.gabriele-uhlmann.de).

Über den **Beginn der Matrifokalitätsforschung** schreibt Uhlmann:

„In der zweiten Hälfte des 19. Jahrhunderts ließen erste Funde weiblicher Figurinen aus der Altsteinzeit die wis-

senschaftliche Welt aufmerken. Wurden die Figurinen auch zunächst als Pornographie abgetan oder belächelt, veränderten sie dennoch die Sicht auf die Menschheitsgeschichte".

Aus der Mythologie und den Reiseberichten von EthnologInnen entwickelte Johann Jacob Bachofen, 1861, seine Theorie der **Gynaikokratie.** (Bachofen, Johann, Jacob, 1975). Gynaikokratie bedeutet **Frauenherrschaft** und Bachofen interpretierte das ganz offensichtliche, zentrale Wirken von Müttern in der Ur- und Frühgeschichte als **grausames Mutterrecht**, um der „**Sumpfzeugung**" durch angeblich sexuelle Übergriffe zu entgehen. Noch ganz gefangen im Patriarchat und in Unkenntnis der biologisch verankerten freien Sexualität der Frau, der sogenannten female choice (Bott, Gerhard, 2009, Uhlmann, Gabriele 2012), und dem mit Matrifokalität einhergehenden Schutz durch das Frauenkollektiv, beschreibt Bachofen Matrifokalität, die soziologische Realität, in der Mütter im Zentrum der Gemeinschaft stehen, als **niedere Stufe menschlicher Kultur,** die durch das neue **Muttertum** überwunden worden wäre, das die Mutter unter das **heldische Primat** des Mannes in einer vaterrechtlichen monogamen Ehe stelle, um sie vor sexuellen Übergriffen zu schützen. (Bott, Gerhard, 2009, S. 487-494 und Mutterrecht versus Muttertum unter www.gerhard bott.de; Armbruster, Kirsten, 2013: Gott die MUTTER, S. 50-52).

Bachofen unterstellt damit den Frauen nicht nur, dass sie sich freiwillig unter das Primat des Patriarchats begeben hätten, sondern er diffamiert Matrifokalität einerseits als grausames Mutterrecht und heroisiert andererseits das Muttertum, die dem Patriarchat dienende Mutter, wie wir sie in der katholischen Kirche oder im Mutterbild des Faschismus finden. Trotzdem gilt Bachofen unkritisch bis heute als „Pionier der traditionellen Matriarchatsforschung", wie Barbara Obermüller in ihrer informativen, doch leider stark an der Matriarchatsforscherin Heide Göttner-Abendroth angelehnten Veröffentlichung „Die weibliche Seite der Ur- und Frühgeschichte" betont. (Obermüller, Barbara, 2014, S. 58).

Da Bachofen die Grundlage der Matriarchatsforschung ist, wundert es auch nicht, dass die Begründerin der „Modernen Matriarchatsforschung", wie Heide Göttner-Abendroth sich nennt, die Altsteinzeit zwar als „mutterzentriert" benennt (ebenda S. 21), dass sie aber die Definition ihres „neuen" Matriarchatbegriffs in die Zeit der Technologieentwicklung von Ackerbau und den Bewässerungssystemen von Stadtkulturen legt und damit eindeutig in hierarchische patriarchale Zeiten. Welche historische Verwirrung um den Matriarchatsbegriff herrscht, kann man an einem Ausschnitt eines Grundsatzartikels über Matriarchate entnehmen, der noch vor kurzem auf der Website von Heide Göttner-Abendroth zu finden war. Die „Begründerin der Modernen Matriarchatsforschung" schrieb da:

„Auf der ökonomischen Ebene sind Matriarchate meistens Ackerbaugesellschaften. Die Technologien des Ackerbaus reichen dabei von einfachem Gartenbau (Beginn in der Mittleren Altsteinzeit, um 60 000 v.u.Z.) zu voll entwickeltem Ackerbau mit dem Pflug (Beginn mit der Jungsteinzeit, 10 000 v.u.Z.) und schließlich zu den komplizierten Bewässerungssystemen der frühesten Stadtkulturen weltweit".

Göttner-Abendroth betont dann ausdrücklich:

„Die Entstehung des Matriarchats ist direkt mit der Erfindung dieser neuen Technologien verbunden".

Mal abgesehen davon, dass die zeitlichen Angaben völlig aus der Luft gegriffen sind, da der Gartenbau natürlich nicht um 60 000 v.u.Z., sondern erst 50 000 Jahre später und der Pflugackerbau geschichtlich auch nicht im Neolithikum, der Jungsteinzeit, sondern eindeutig im Metallzeitalter und zwar in der Kupfersteinzeit (Chalkolithikum), erstmals ab 4500 v.u.Z. auftauchen, und damit zu einer Zeit, wo erste hierarchische Herrschergräber nachweisbar sind (siehe Zeittafel: Armbruster, Kirsten: „Gott die MUTTER", 2013, S. 10-14), sind auch die von Göttner-Abendroth als matriarchale Definitionsbasis erwähnten „komplizierten Bewässerungssysteme der Stadtkulturen" historisch in patriarchale Zeiten einzuordnen. Bott schreibt dazu:

„Es ist die durch imperiale Gewalt etablierte Herrschaft, die für eine Intensivierung der Agrarwirtschaft den Bau komplexer Bewässerungssysteme organisierte, und zwar „von oben", also meist mit Hilfe von Frondiensten". (Bott Gerhard, 2009, S. 147).

Schon ein paar Zeilen vorher hat Bott die soziologische Realität komplexer Bewässerungssysteme klar gestellt:

„Die Ursache ist die staatliche Herrschaft und die Wirkung ist die Organisation der Wasserwirtschaft". (ebenda).

Wie stark Göttner-Abendroths Matriarchatstheorie leider bereits in patriarchalen Strukturen verortet ist, zeigt sich insbesondere auch in deren **Theorie von der Göttin und ihrem Heros**. Barbara Obermüller fasst diese zusammen:

*„Nach der frühen mutterzentrierten Epoche der Altsteinzeit, für die zahlreiche Muttergöttin-Skulpturen beredtes Zeugnis ablegen, **trat in matriarchaler Zeit ein Gefährte an die Seite der Göttin: der Heros oder sakrale König**.".* *(Obermüller, Barbara, 2014, S. 67).*

Wir können also auch hier deutlich erkennen, dass Göttner-Abendroth ganz bewusst ein Matriarchat für das Paläolithikum ausschließt, und stattdessen bereits eindeutige Herrschaftsstrukturen als Matriarchat interpretiert. Noch klarer wird das auf der folgenden Seite. Barbara Obermüller erläutert Göttner-Abendroths Matriarchatstheorie weiter:

*„Die Heilige Hochzeit war die liebende Verbindung der sakralen Königin mit dem Heroskönig als Initiation für die **Verleihung der Königswürde**". (ebenda, S. 68).*

Dass die Verleihung der Königswürde nicht in egalitären Gemeinschaftsverhältnissen stattgefunden haben kann, und **dies auch in heutigen matrifokalen Gemeinschaften nicht vorkommt**, ist eigentlich völlig offensichtlich. Damit zeigt sich aber auch, dass Göttner-Abendroths Matriarchat **nicht in matrifokalen, egalitären Gemeinschaftsstrukturen**, sondern in **hierarchischen Gesellschaftsstrukturen** angesiedelt ist, in denen das ursprünglich **unilinear matrilineare Abstammungssystem** bereits in ein **bilineares Abstammungs- und jetzt auch Erbschaftssystem** umgewandelt ist, denn zu dieser Zeit hat sich schon soviel Privateigentum akkumuliert, dass es etwas zu vererben gab. Dass es beim Vererben innerhalb eines Königtums nicht um die Weitergabe des Landes innerhalb der matrilinearen Clanlinie ging, wie es bei heutigen matrifokalen Völkern nachvollziehbar ist, dürfte auch klar sein. Gerhard Bott schreibt dazu:

„In der Gesamthandsverfassung des Paläolithikums konnte, mangels Masse, ökonomischer Egoismus nicht aufkommen; die Modi I und II (des Neolithikums: Anmerk. der Verf.) *blieben mit ihrer reinen Subsistenzwirtschaft, wie wir sie von Kleinbauern kennen, noch relativ egalitär. Ökonomischer Egoismus und Gewinnsucht kommen erst mit den Herden des Modus III auf und mit dem Privateigentum an einem solchen Reichtum, der die eigenen Bedürfnisse in hohem Maße übersteigt. Es sind deshalb das Hirten-Königtum und der Viehzüchter-Adel, die das größte Interesse daran haben, das Gesamthandeigentum zu privatisieren und schon aus diesem Grunde **die Blutsfamilie durch die Paarungsfamilie zu ersetzen. Um diese neue Gesellschaftsordnung zu etablieren, wird die Paarungsfamilie (zugleich Trägerin des Privateigentums) mit der Zeremonie der Heiligen Hochzeit als Ehe geheiligt**". (Bott, Gerhard, 2009, S. 144).*

Auffallend ist zudem, dass Göttner-Abendroth in ihrer Herostheorie das Männliche mit dem Vergehen der Vegetation gleichsetzt, womit sie den „symbolischen" Tod des Heroskönigs versucht als Bestandteil eines matriarchalen Rituals zu erklären, obwohl es aus dem matrifokalen Verständnis der göttlichen Mutter heraus keinerlei Grund gibt, das Sterben der Vegetation mit dem Männlichen gleich zu setzen. Tatsächlich geht die Matriarchatsforscherin hiermit der patriarchalen Kriegsideologisierung seit der Bronzezeit auf den Leim, die versucht das Männliche für „Heilige Kriege" zu konditionieren, indem sie den Tod heroisiert, was den Herrschenden nützt und bis heute die Basis ist für die unheilvolle Verbindung zwischen Theologie und Opfertod.

Es ist nicht die Natur des Mannes ein Krieger zu sein und Gott die MUTTER braucht keinen Heros:
Es ist nicht die Natur des Mannes ein Krieger zu sein. Tatsächlich wissen wir heute aus der Patriarchatskritikforschung, dass eine diesbezügliche Ideologisierung der Männer erst mit dem Ende der Matrifokalität, zu Beginn des Metallzeitalters, in der Bronzezeit begann. Parallel hierzu finden wir zu diesem Zeitpunkt die ersten Blutopferkulte, also in der Zeit, wo die ersten Männer sich zu Göttern machten und die unheilige Allianz zwischen politischer Herrschaft und patriarchaler Theologie begann. Diese politische Theologie, die mit der auf Herrschaft ausgerichteten sogenannten **Heiligen Hochzeit** durchgesetzt wurde, markiert den **Beginn des patriarchalen Zeitalters** und die **missbräuchliche Implementierung des Mannes als Krieger**. Der Krieger ist nämlich nur dem Herrscher nützlich und dieses Rollenbild ist wider die Natur. Leider erkennt der **Matriarchatsfeminismus** diesen fundamentalen Ideologiewechsel des Patriarchats nicht und setzt den Heros in einen matriarchalen Kultzusammenhang mit der Göttin. Neben der grundlegenden Missverständlichkeit des Matriarchatsbegriffs, der von der Allgemeinheit automatisch als Umkehrung des Patriarchatsbegriffs verstanden wird, macht diese Fehlinterpretation den Matriarchatsbegriff unbrauchbar für ein Wiederverständnis von Matrifokalität und der Reli-

Gabriele Uhlmann ordnet die Matriarchatstheorie von Göttner-Abendroth denn auch der vierten Erkenntnisphase der Matrifokalitäsforschung zu und schreibt dazu in ihrem oben genannten Essay:

„Die deutsche Matriarchatsforscherin Heide Göttner-Abendroth erklärte in ihrem Buch "Die Göttin und ihr Heros" den Ritus der Heiligen Hochzeit fälschlich als Ausdruck von Frauenmacht und kommt damit der Theorie Bachofens sehr nahe". (www.gabriele-uhlmann.de).

Zum besseren Verständnis von Matrifokalität hat Gerhard Bott mit seinem Buch „Die Erfindung der Götter" (2009) beigetragen, das sich durch seine differenzierten Begriffsklärungen auszeichnet. Gabriele Uhlmann ordnet diese Veröffentlichung der siebten Erkenntnisphase zu. Sie schreibt:

*„Der deutsche Kulturwissenschaftler und Patriarchatsforscher Gerhard Bott (www.gerhardbott.de) legte 2009 mit dem Buch "Die Erfindung der Götter - Essays zur politischen Theologie" eine umfassende Patriarchatskritik vor, in der er nicht nur die Entstehung des Patriarchats bzw. die Institutionalisierung des Vaters erklärt. Er entlarvt die Methodik der Erhaltung desselben durch die patriarchale Wissenschaft .... Er klärt erstmals die Begriffe Matrilokalität und Matrilinearität im Gegensatz zu Patrilokalität und Patrilinearität allgemein- und unmissverständlich und reinigt die Begriffe von ideologischen Kontaminationen. Er zeigt auf, dass **die frühe Menschheit matrifokal lebte** und erklärt dies aus den **biologischen Voraussetzungen***

Da heute überall sichtbar wird, dass das patriarchale Wertegefüge das gesamte Experiment Leben auf der Erde gefährdet und sich damit als völlig untauglich erwiesen hat, ist es höchste Zeit sich einerseits mit den Wurzeln des Menschseins zu beschäftigen und sich andererseits auf die Rahmenbedingungen zu konzentrieren unter denen Leben auf der Erde möglich ist. Diese Rahmenbedingungen werden von der Natur vorgegeben, die es nicht länger zu manipulieren und technologisch zu verbessern gilt, sondern zu verstehen. Ein Verstehen Wollen biologischer Gegebenheiten und Prozesse muss hierbei den patriarchalen Biologismus ersetzen, dem es nicht um ein Verstehen der Natur ging, sondern um eine Verkehrung der Natur, die heute einer dringenden Korrektur bedarf. In diesem Zusammenhang bedarf es auch einer kritischen Auseinandersetzung nicht nur mit dem Matriarchatsfeminismus, sondern mit dem Feminismus insgesamt. Der Feminismus berührt nämlich gar nicht den Kern des Patriarchats, nämlich den, dass Mütter aus dem Zentrum der Gesellschaft hinaus gedrängt wurden und seitdem alle gesellschaftlichen Kernbereiche vom Mann als Vater her gedacht werden, sei es die Wirtschaft oder die Theologie. Das hat zur Folge, dass Emanzipation damit assoziiert ist, dass Frauen sich in ein Vätersystem bestmöglich einordnen. Je mehr Frauen das machen, was die Männer machen, desto emanzipierter gelten sie. Das ist absurd, weil ja gleichzeitig immer offensichtlicher wird, dass dieses hierarchisch-herrschaftliche Vätersystem, das Patriarchat, innerhalb weniger Jahrtausende die Natur als Lebensbasis, an den Rand des Kollapps gebracht hat.

Die weltschöpferische Befreiung des männlichen Logos

Im babylonischen Weltschöpfungsepos ENUMA ELISH, das auf circa 1100 v.u.Z. datiert wird, lesen wir erstmals vom Mythologischen Muttermord, ausgeführt von dem jugendlichen „Heldengott" Marduk an Tiamat, der Mutter aller Götter. Gerhard Bott fasst den Muttermord zusammen:

„Bevor Marduk in den Kampf zieht, stellt er seinen Vätern die Bedingung, dass er, sofern er Tiamat besiegt, zum „König der Götter" erhoben wird und dass er, als Pantheon-Chef, absoluter Herrscher.... wird. Die Hochgötter nehmen diese Bedingung an. In einer glänzenden Rüstung auf seinem mit vier Pferden bespannten Streitwagen (Tafel IV/ 50-55), zieht der junge Heros gegen die verteufelte Mutter aller Götter in den Krieg, bewaffnet mit Pfeil und Bogen, Kampfnetz und Keule. (Heidel, S. 38). Es kommt zum Zweikampf mit Tiamat, den die Priester im Epos genüsslich ausmalen: Marduk wirft sein Kampfnetz (eine alte Waffe der Sumerer) über Tiamat und schießt einen Pfeil in ihren Mund, der das Innere der Göttermutter zerreißt und ihr Herz spaltet. In Siegerpose stellt sich Marduk auf den Leichnam Tafel IV/104, und zertritt oder zertrampelt ihren UNTER-LEIB (Tafel IV/129;), mit seiner Keule zerschmettert er ihren Schädel und ihre Blutbahnen durchschneidet er. ... Sodann zerteilt der Held die Göttermutter in zwei Hälften: aus der einen Hälfte macht Marduk, der Weltschöpfer, den HIMMEL, aus der anderen die ERDE".* (Bott, Gerhard, 2009, S. 458).
*Übersetzung nach McCall (1990)

In Abbildungen wird der Kampf von Marduk mit der Göttermutter Tiamat oft als Kampf eines jugendlichen Heros mit einem Drachen dargestellt. Hier wird offensichtlich, dass der Drache die göttliche Mutter darstellt und, dass die nachfolgenden Drachentöter wie der griechische Gott Apollon, die christlichen Heiligen Michael, Georg und Patrick, aber auch Siegfried aus der germanischen Mythologie in der Tradition des Muttermords stehen. Carl Gustav Jung, einer der vom Patriarchat bis heute hoch geschätzten Psychoanalytiker bezeichnet den Muttermord folgendermaßen:

„Der Muttermord ist die weltschöpferische Befreiung des männlichen Logos". (Weiler, Gerda, 1991, S. 44, zit. aus Wolf, Doris; 1994, S. 203).

Die Patriarchalisierung läuft, wie wir gesehen haben, parallel zum Metallzeitalter. Tatsächlich steht sie in unmittelbarem Zusammenhang, denn eine Kommerzialisierung des Bergbaus ist erst möglich nach der Entheiligung von Gott der MUTTER, die für die Natur und den Kosmos steht und deren Leib die Erde ist. Carolyn Merchant schreibt über den ideellen Kampf, der im Zuge der Metallgewinnung stattfand:

„Für die meisten traditionellen Kulturen reiften Mineralien und Metalle im Uterus der Mutter Erde, Bergwerksminen wurden mit ihrer Vagina verglichen, und Metallurgie war die vom Menschen bewirkte Beschleunigung der Geburt des lebendigen Metalls im künstlichen Schoss des Hochofens – eine Abtreibung des Metalls vor der Zeit seines natürlichen Wachstumszyklus". (Merchant, Carolyn, 1980, S. 20).

Ein paar Zeilen vorher schreibt die Autorin:

„Das Bild von der Erde als einem lebendigen Organismus und einer nahrungsspendenden Mutter hatte als kulturelle Handlungshemmung gewirkt, die den Tätigkeitsdrang des Menschen in Schranken hielt. Man schlachtet nicht mir nichts dir nichts seine Mutter, wühlt in ihren Eingeweiden nach Gold oder verstümmelt ihren Leib; genau das war es aber, was der kommerzielle Bergbau schon bald fordern sollte“. (ebenda, S. 20).

In der griechischen und in der römischen Philosophie werden das Verständnis der Erde als nahrungsspendende Mutter und die Idee der Verfügungsgewalt der Menschen über die Erde als Gegenvorstellung noch diskutiert. So bezeichnen römische Autoren wie Ovid, Seneca, Plinius und die Stoiker den Bergbau noch unverhohlen als Schändung ihrer Mutter, der Erde. (ebenda, S. 19).

Mit der Durchsetzung des Christentums, als staatlich verordneter Religion, fällt die Entscheidung deutlich zu Ungunsten der Göttlichen Mutter aus. Die Aufforderung des monotheistischen Vater-Gottes des Alten Testaments sich die Erde untertan zu machen, fällt im Geiste des Muttermords. Die Folge davon ist, dass die Gesellschaft die letzten zwei Tausend Jahre eine besonders patriarchale Verschärfung erfährt, denn die Durchsetzung des männlichen Monotheismus löst eine wahre Gewalt- und Kriegsorgie aus, die bis heute anhält. Es beginnt der theologisch begründete „Heilige“ Krieg im großen Stil und dieser Heilige Krieg des patriarchalen Monotheismus trägt in sich den Keim der Spaltung und kann damit in unendlichen Variationen fortgesetzt werden.

1000 Jahre Religionskrieg in Europa, von der staatlichen Verordnung durch Kaiser Konstantin im Römischen Reich über die Reconquistabewegung im Namen des „Heiligen Jacob", die Kreuzzüge und die Inquisition im Mittelalter, die Kolonisation der anderen Kontinente mit den christlich-imperialistischen Dogmen bis zu den heute geführten „Heiligen Kriegen" im Namen des Islam, diese ganze Geschichte, des sich aus der **Natürlichen Integrativen Ordnung der Mutter** befreiten männlichen Logos, ist letztendlich ein Krieg gegen die Natur. Die Natur, die der Mutter die zentrale Rolle bei der Erhaltung der Menschenart zugewiesen hat und nicht dem Mann, geschweige denn dem Vater.

Theologie, Politik, Philosophie, Psychologie, Ökonomie und Archäologie haben ein in sich verzahntes Lügenparadigmengebäude errichtet, um zu verdrängen, dass am Anfang jeden individuellen Lebens die Mutter steht und am Beginn des kollektiven menschlichen Bewusstseins natürlicherweise auch. Die Historik beschreibt, wie der Name schon sagt, **his story**, die Geschichte des Mannes, der seit dem Altertum versucht als **Heros des Patriarchats**, die vermeintliche Unvollkommenheit der Natur zu korrigieren: Die Tatsache, dass der Mann sich nicht selbst gebären kann, führt zu immer neuen Weltverbesserungs-Ideologien, die aber alle demselben Dogma entspringen: **die Natur zu überwinden**. Und die Biologie, die ja eigentlich die Wissenschaft sein sollte, welche die Natur beschreibt, wird zu einem Biologismus verdreht und dazu missbraucht die natürlichen Tatsachen ins Gegenteil zu verkehren. Claudia von Werlhof beschreibt diese **Verkehrung** in ihrem gleichnamigen Buch:

„Die Utopie des Patriarchats ist schon seit der Antike eine mutterlose Welt, die auch die Natur verändern will, sozusagen in Richtung einer „Umschöpfung", bei der am Ende eine verkehrte männliche Natur bzw. Schöpfung herauskommt. **Der männliche Gott ist lediglich die erste Ausdrucksform davon. Da er die Göttin ermordet und alle ihre Attribute vernichtet, sich aneignet oder bis heute negiert, ist von vornherein klar, dass diese Schöpfung nicht die weibliche ergänzen, sondern diese zerstören und anschließend gänzlich ersetzen soll.** Dieses Projekt befindet sich nach dem Krieg, der tatsächlichen Eroberung, zunächst im Kopf des Patriarchen: als ihre Wunschvorstellung, als ihre Rechtfertigung, als das „Denkbare", wie es bei Platon heißt, als Ideologie, Religion, Philosophie, Phantasie, eben Utopie und „Traum". (Werlhof, Claudia; 2011, S. 25).*

Bereits ein Jahr vorher, in ihrem Buch West-End, definiert Claudia von Werlhof das Gesellschaftssystem des Patriarchats als den Versuch, Frauen und die Natur zu ersetzen. Sie schreibt:

„Unter Patriarchat verstehe ich die Vorstellung, dass das männliche Geschlecht schöpferisch sei und nicht das weibliche. So versucht man ständig zu beweisen, dass die Schöpfung von den Männern, ihren Institutionen, ihrer Herrschaft und ihrer Technik kommt und nicht von den Frauen, ihrer Kultur und der Natur. Demnach sei das Leben eigentlich eine männliche Erfindung, und ein männlicher Gott sei dessen „Schöpfer" ... Der dazu stattfindende Transformationsprozess wird definiert als technischer Fortschritt". (Werlhof von, Claudia, 2010, S. 256).

Bis heute werden wesentliche Schaltzellen der Gesellschaftsgestaltung von diesem, aus der Natürlichen Mütterlichen Ordnung völlig losgelösten, männlichen Weltschöpfungslogos geformt. In einem Interview mit dem SPIEGEL vom 30.6.2014 bekräftigt der amerikanische Informatiker Jaron Lanier, der lange als Guru des Cyberspace galt und heute zu den schärfsten Kritikern des digitalen Kapitalismus und dessen allmächtiger Monopole gilt, diese patriarchal-männliche Denkweise, der wir alle ausgeliefert sind, auch für das Internet. Auf die Frage des Redakteurs Georg Diez nach der Logik, die hinter Firmen wie Amazon, Facebook oder Google steht, antwortet Lanier:

*„All diese Firme, Amazon, Facebook, Google sind deshalb so anders, weil sie einerseits kapitalistische Unternehmen sind, die Profit machen wollen, andererseits aber von einem **digitalen Utopismus** getragen sind, der letztlich zum Ziel hat, die gesamte Gesellschaft zu optimieren. mehr noch: **die gesamte Realität zu optimieren**.... Das ist die Kraft, die diese Leute antreibt, eine atavistisch und **messianische Energie**, die eine **vage transzendente Idee** speist, dass sie eine **bessere Welt schaffen**, ohne dass sie genau wissen, wie diese Welt eigentlich aussieht. Manchmal ist es der Glaube, dass Maschinen bald die Welt übernehmen. Manchmal ist es die Überzeugung, dass Computer den Menschen ewiges Leben verschaffen. Manchmal ist es die Vorstellung, dass die Welt durch eine einzige künstliche Intelligenz ersetzt wird und wir alle auf einmal in einer perfekten digitalisierten Welt leben. Diese Unternehmer, Larry Page, Jeff Bezos, Mark Zuckerberg, haben eine **Mission, die größer ist als der Kapitalismus. Und sie hat religiöse Züge**". (DER SPIEGEL, Nr. 27; 30.6.2014, S. 122).*

Im weiteren Verlauf des Interviews macht Lanier zudem deutlich, dass die **Umsonstkultur der digitalen Ökonomie** die Mittelschicht schädigt. Die Schädigung begründet er damit, dass die Informationsökonomie so tue, als ob der Mensch gar nicht existiere. Er sieht sich deshalb auch zu einer Korrektur dieser Sichtweise genötigt und betont: „Es gibt ihn aber". (den Menschen, Anmerk. der Verf.). „Er wird weiter gebraucht. Er wird nur nicht bezahlt". (ebenda, S. 121).

Tatsächlich ist genau das nicht ein Einzelproblem der Informationsökonomie oder der Mittelschicht, sondern es ist das grundsätzliche Problem der patriarchalen Ideologie. Die Kosten der weltschöpferischen Logos-Spielereien der großen Jungs werden verschleiert. Die Kosten tragen aber letztlich die Mütter, und in letzter Instanz dieses mütterlichen, an Materie gebundenen Systems, die Natur. Die männlichen Weltschöpfungsideologen tun so, als ob die Mütter, als ob die Natur nicht existieren. Und auch hier müssen wir antworten:

Es gibt sie aber. Sie werden weiter gebraucht. Ohne sie, die Mütter und ohne die Natur ist gar kein männlicher schöpferischer Prozess möglich. Die Mütter werden nur nicht bezahlt, was in einer durchkapitalisierten Welt, die nicht auf der ursprünglichen Schenkökonomie der Natur beruht, das Zeichen für die Leugnung der Existenz ist.

Diese patriarchale Denkweise schädigt die **Natürliche Integrative Ordnung der Mutter**, in die der Mensch nun mal im Zuge der Evolution hineingeboren wurde, in einem solchen Maße, dass das Leben insgesamt dadurch zerstört wird, denn leider entfaltet dieses Leugnen der natalen Abhängigkeit durch die Mütter eine so große zerstörerische Kraft, dass der gesamte Organismus Erde dieser Zerstörung anheim fallen kann. Das Patriarchat zerstört sich also letztendlich selbst, aber im Zuge dieser Zerstörung reißt es das ganze Leben mit.

Yin und Yang – Symbol der geschlechtlichen Dualität oder der mütterlichen Integration?

Marduk, der Weltschöpfer und Heros der babylonischen Mythologie, zerteilt den Leib der ermordeten Göttermutter Tiamat in zwei Hälften: aus der einen Hälfte formt er den Himmel, aus der anderen die Erde. Diese Spaltung der **Natürlichen Integrativen Ordnung der Mutter** ist symptomatisch für das Patriarchat. In der Natürlichen Ordnung der Mutter gibt es diese Spaltung nicht, denn Gott die MUTTER ist die Kosmische Mutter des Universums, in der Himmel und Erde zusammen gehören. (Armbruster, Kirsten, 2013: Gott die MUTTER, S. 23-45). Das Pendant zur Kosmischen Mutter des Universums ist die leibliche Mutter: die Menschenmutter, die Tiermutter, die sowohl das Männliche als auch das Weibliche, aber auch das Nicht-Heteronormative in ihrem Leib ausformt und über das Nabelblut nährt und gebärt.

Tatsächlich ist die Aufspaltung der Natürlichen Integrativen Ordnung der Mutter der Beginn der **Dualitätsideologie** und eines der Kernstücke des Patriarchats. Die Spaltungsideologie wird mit der **hierarchischen Herrschaftsideologie** verknüpft. Die Folge ist: Die Pyramide ersetzt im Patriarchat den Kreis. Archäologisch ist dies sehr gut nachvollziehbar. Während im Paläolithikum Höhlen und im Neolithikum kreisförmige, von Menschen gestaltete Begräbnisstätten als Orte des Totenkults zu finden sind, wie zum Beispiel in ihrer ältesten Form in Göbekli Tepe, in Anatolien, in der Türkei, erscheinen parallel zu den Reichsgründungen durch Streitwagen-krieger die Pyramiden, wie wir in Ägypten im Alten Reich der Pharaonen, aber auch bei den mesopotamischen Zikkuraten als älteste Formen nachvollziehen können.

Wie Claudia von Werlhof richtig erkannt hat, geht es dem **patriarchalen Dualitäts-Konstrukt nicht darum, partnerschaftlich die weibliche Schöpfung durch das Männliche zu ergänzen**, was gerade viele Frauen zu glauben scheinen, sondern es geht darum diese zu zerstören und anschließend gänzlich zu ersetzen. Die im Patriarchat auftauchende Dualitätsideologie ist, dem hierarchischen Herrschaftsdenken folgend, nämlich mit einer **Bewertung** verbunden. Das Männliche ist dieser Dualitätsideologie zur Folge nämlich plötzlich aktiv und das Weibliche passiv. Einer der ersten, der **Aktivität mit Männlich** und **Passivität mit Weiblich** assoziierte, war **Aristoteles** (384 bis 233 v.u.Z.). Carolyn Merchant beschreibt die dualistisch-hierarchische Theorie von Aristoteles:

„Aristoteles biologische Theorie erblickt in der Frau einen unvollständigen verstümmelten Mann, da die Kälte des weiblichen Körpers das Menstruationsblut daran hindert, sich zum Samen zu vervollkommnen. Bei der Erzeugung von Nachwuchs steuert die Frau die Materie oder das passive Prinzip bei. Dies ist der Stoff, auf den das aktive männliche Prinzip - der Samen - bei der Erzeugung des Embryos einwirkt. Der Mann ist die eigentliche Ursache des Nachwuchses ... Kraft und Bewegung werden allein vom Samen beigesteuert .... Sowohl die bewirkende als auch die formale Ursache werden aus dem männlichen Prinzip abgeleitet

und sind die aktive Ursache für den Nachwuchs". (Merchant, Carolyn, 1980, S. 28).

Wie wir später noch deutlicher sehen werden, handelt es sich bei Aristoteles dualistisch-hierarchischer Theorie nicht um eine biologische, also eine aus der Naturbeobachtung herausgewonnene Theorie, sondern um eine biologistische, bei der die Biologie nur vorgeschoben wird, um eine, das Weibliche abwertende, patriarchale Ideologie gesellschaftlich internalisieren zu können.

Die hierarchische Dualitätsideologie ist die Basis für **Misogynie-Theorien**, Theorien, die ganz offen einem Frauenhass entsprungen sind und deren Vertreter bis heute hochgeschätzt werden, wie zum Beispiel **Johann Gottfried Herder**, nach dem Gymnasien benannt sind, der zum „Viergestirn" Weimars gezählt wird und von dem es in Wikipedia heißt: „Am Wandel des kulturellen Lebens der gebildeten Deutschen gegen Ende des 18. Jahrhunderts hatte Herder einen wichtigen Anteil".

Eine der ersten historisch bekannte Misogynie-Veröffentlichungen stammt von dem **Franziskaner Alvaro Pelayo**, der 1330 im Auftrag von Papst Johannes XXII. ein Werk herausgibt, dessen erster Teil eine Liste von 200 Lastern und Missetaten von Frauen enthielt und in Folge zum Vorbild des Hexenhammers avancierte. Das Werk des Mönchs **Bernhard von Cluny** „De contemptu mundi" enthält apokalyptische Passagen gegen die Frauen als Kollektiv und ist bis ins 16. und 17. Jahrhundert maßgebend für die Seelsorge und die Vorstellung von der Frau als Handlangerin des Satans. (Wikipedia, Stichwort Misogynie). Aber nicht nur Theologen sondern gleichermaßen, bis heute vom Patriarchat geschätzte Philosophen, wie der bereits erwähnte **Johann Gottfried Herder**, aber auch **Jean-Jacques Rousseau**, **Arthur Schopenhauer** oder auch **Friedrich Nietzsche**, veröffentlichen Schriften, aus denen der Frauenhass spricht. Herder war der Meinung:

„Eine Henne, die kräht und ein Weib, das gelehrt ist, sind üble Vorboten: Man schneide beiden den Hals ab". (Wikipedia, Stichwort Misogynie).

Arthur Schopenhauer schrieb:

"Schon der Anblick der weiblichen Gestalt lehrt, dass das Weib weder zu großen geistigen, noch körperlichen Arbeiten bestimmt ist. Es trägt die Schuld des Lebens nicht durch Thun, sondern durch Leiden ab, durch die Wehen der Geburt, die Sorgfalt für das Kind, die Unterwürfigkeit unter den Mann, dem es eine geduldige und aufheiternde Gefährtin seyn soll. Die heftigsten Leiden, Freuden und Kraftäußerungen sind ihm nicht beschieden; sondern sein Leben soll stiller, unbedeutsamer und gelinder dahinfließen, als das des Mannes.... Zu Pflegerinnen und Erzieherinnen unserer ersten Kindheit eignen die Weiber sich gerade dadurch, dass sie selbst kindisch, läppisch und kurzsichtig, mit einem Wort, zeitlebens große Kinder sind, eine Art Mittelstufe zwischen dem Kinde und dem Manne, als welcher der eigentliche Mensch ist". (Stopczyk, Annegret, 1997, S. 134).

Und Annegret Stopczyk zitiert aus Zarathustra von **Friedrich Nietzsche** folgende Passage, die ebenfalls ein mit Frauenhass verbundenes Weltbild zeigt:

"Das Glück des Mannes heißt: er will. Das Glück des Weibes heißt: er will. .... Siehe, jetzt eben ward die Welt vollkommen! - also denkt ein jedes Weib, wenn es aus ganzer Liebe gehorcht. Und gehorchen muss das Weib und eine Tiefe finden zu seiner Oberfläche, Oberfläche ist des Weibes Gemüt, eine bewegliche stürmische Haut auf seinem seichten Gewässer. Des Mannes Gemüt aber ist tief, sein Strom rauscht in unterirdischen Höhlen: das Weib ahnt seine Kraft, aber begreift sie nicht". (ebenda, S. 163).

In der Tradition der **hierarchischen Dualitätstheorie**, die mit der Gleichsetzung des männlichen Prinzips mit Aktivität und des weiblichen Prinzips mit Passivität einhergeht, steht auch, die heute so beliebte Yin – und Yanglehre, die mit dem Symbol des TAO verbunden wird.

Das Symbol des TAO

Selbst in feministischen Kreisen wird dem Yin- und Yang-Prinzip heute folgendes Verständnis zugeschrieben. So schreibt Anita Johnston in ihrem durchaus lesenswerten Buch über Ess-Störungen „Die Frau, die im Mondlicht aß" (2003), folgendes:

„Fernöstlicher Philosophie zufolge beruht alles im Universum auf der Polarität von Yin (weiblich/rezeptiv) und Yang- (männlich/aktiven) Energien. Yin ist alles was offen,

nachgiebig und miteinander verbunden ist. Yin verkörpert Intuition, Gefühl und tiefe Weisheit von innen heraus. Es ist die weibliche Macht, die mit den subtilen und scheinbar unsichtbaren Kräften und Rhythmen der Natur und der Harmonie in allen Beziehungen verbunden ist... Yang hingegen ist aktiv und direkt. Es ist die logische, intellektuelle Energie, die Informationen sucht und Kontrolle anstrebt. Seine Macht rührt vom Tun und Erstellen her." (S. 22/23)

Eine Seite weiter schreibt die Autorin:

„Wenn zwischen beiden Seiten Gleichgewicht herrscht und sie harmonisch miteinander wirken, erleben wir eine sogenannte „göttliche Verbindung", in der das Männliche das Weibliche achtet und unterstützt und ihm Schutz auf dem Weg in die Welt bietet". (S. 24)

Das ca. 500 v.u.Z. entstandene Tao Te King, das Buch des Weges, ist der spirituelle Klassiker Chinas und gilt als Standardwerk des Taoismus. Über den Autor Laotse ist kaum etwas bekannt, vermutet wird, dass er ein älterer Zeitgenosse Konfuzius ist, dessen Lehren schon eindeutig dem patriarchalen Kontext zugeordnet werden können. Auch der Goldmann-Verlag wirbt für seine 2003 erschienene deutsche Erstausgabe, eine „zeitgemäße Version für westliche Leser" damit, dass das Yin-Yang-Prinzip **die Lehre der Polarität allen Seins begründe**. Tatsächlich findet sich in den 81 Sinnsprüchen des Tao Te King aber keine Beschreibung der angeblichen Polarität des Yin – und Yang-Prinzips. Stattdessen findet man dort die Beschreibung der **Natürlichen Integrativen Ordnung der Mutter**:

Im Tao Te King in Vers 6 können wir nämlich nachlesen:

„Das Tao bezeichnet man als die Große Mutter:
Leer, doch unerschöpflich,
bringt es unzählige Welten hervor.
Es ist immer in dir da“.

Und in Vers 25 können wir weiterlesen:

„Es gab etwas Formloses und Vollkommenes,
bevor das Universum entstand.
Gelassen ist es und leer.
Einzig und unverständlich.
Grenzenlos und ewig verfügbar.
Es ist die Mutter des Universums.
In Ermangelung eines besseren Namens
nenne ich es das Tao“.

Schließlich finden wir in Vers 51 folgende Zeilen:

„Jedes Wesen im Universum ist ein Ausdruck des Tao.
Das Tao bringt alle Wesen hervor,
nährt sie, erhält sie.
sorgt für sie, erquickt sie, beschützt sie,
nimmt sie wieder zu sich…“
(Laotse, Tao Te King, 2003)

Wir wissen heute auch für China sehr genau, dass auch dort ursprünglich eine aseitätische, eine aus sich selbst Leben schöpfende Schöpfergöttin im Bewusstsein der Menschen existierte. Sie ist als NuWa sogar namentlich überliefert. In einem Artikel über Mythos und Realität der Geschlechterbeziehungen im prähistorischen China beschreibt Professor Cai Jungsheng von der Chinesischen Akademie für Sozialwissenschaften in Peking die Schöpfergöttin NuWa und den Mythologischen Muttermord am Umbruch zum Patriarchat folgendermaßen:

„NuWa ist die wichtigste weibliche mythologische Figur, die aus prähistorischer Zeit überliefert ist. NuWa wurde von den Chinesen lange Zeit als Schöpferin der Welt angesehen. Eine sorgfältige Untersuchung chinesischer Mythen zeigt jedoch, dass zur selben Zeit, wie sich die Sozialstruktur in Richtung Patriarchat veränderte, NuWa ihre Macht verlor, bis schließlich Mythen geschaffen werden, in denen sie stirbt". (Jungsheng, zit. nach Eisler: Die Kinder von morgen, 2005, S. 164).

Der Taoismus, der in China zur Zeit der Zhou-Dynastie, 1046-256 v u. Z., weit verbreitet war, greift im Tao Te King des Laotse also noch das **uralte matrifokale Wissen** und die allumfassende Bedeutung der aseitätischen Gott die MUTTER auf. Das TAO-Symbol als Dualitätssymbol für Männlich und Weiblich zu interpretieren, noch dazu mit der Konnotation Passivität für Weiblich und Aktivität für Männlich ist Bestandteil der patriarchalen Gehirnwäsche und ein heute leider weit verbreitetes **Missverständnis des Tao-Zeichens**. Tatsächlich gibt das Zeichen des Tao die Integrative Ordnung der Mutter wieder:

TAO - das Symbol der Natürlichen Integrativen Ordnung der Mutter

Die Mutter ist das Urbild für die Integration menschlichen Lebens. In der Mutter entsteht weibliches und männliches aber auch, der Diversitätsregel der Natur folgend, nicht heteronormatives Leben. In der Mutter wird dieses Leben gleichermaßen genährt und gleichermaßen von ihr geboren. In der Mutter findet kein Kampf zwischen den Geschlechtern statt und in Umkehrung dieses Gedanken findet der Kampf zwischen den Geschlechtern erst seit der patriarchalen Entwertung der Mutter statt. Und weiter bedeutet das: Wenn sich Männer innerhalb dieser **Natürlichen Integrativen Ordnung der Mutter** bewegen, so sind sie **natürlich männlich** und damit gesund und heil. Bewegen sich Männer aber außerhalb der Natürlichen Ordnung der Mutter, wie wir es seit 6500 Jahren von vielen Männern im Patriarchat erleben, so neigt das Männliche dazu, zerstörerisch zu sein. **Es befindet sich dann außerhalb der Natürlichen Ordnung der Art**.

Bewegen sich Frauen geistig in dem ganz offensichtlich patriarchal fehlinterpretierten polaren Yin- und Yangsystem, so unterwerfen sie sich patriarchalen Machtinterpretationen. Dann können sie nur im Männlichen das Aktive sehen, dann dreht sich ihr Selbstverständnis im passiven rezeptiven Bereich und sie glauben sich nur im Schutzkreis eines Mannes sicher. Dann können sie nicht „Tun", d.h. sie bleiben in der logischen Konsequenz immer Opfer, während in Umkehrung und genauso unselig, die Männer immer die Täter sind. Schauen wir auf die Natur, so ergibt sich ein ganz anderes Bild.

Biologie statt Biologismus

Die Biologie ist die Lehre von der Natur. Verwechselt wird Biologie oft mit Biologismus. Antje Schrupp hat sich mit dem Unterschied auseinandergesetzt. In ihrem Blog schreibt sie dazu:

„Schon lange habe ich vor, einen Artikel über den Unterschied zwischen Biologie und Biologismus zu schreiben. Mir fällt nämlich auf, dass der Vorwurf des „Biologismus" heute immer öfter auch gegen Frauen und ihre Ideen eingesetzt wird, was wiederum dazu führt, dass das Reden über Biologie, über Körperlichkeit und damit über die Grenzen, die unserem souveränen Weltgestalten möglicherweise gesetzt sind, tabuisiert wird. Eigentlich handelt es sich dabei ja um eine traditionelle Kritik von Frauen an der Idee, ihre weibliche Biologie oder „Natur" würde sie auf bestimmte Rollen oder Verhaltensweisen festnageln. Der „Biologismus" hatte sich im 19. Jahrhundert ausgebreitet, weil die Männer in einer gewissen Erklärungsnot waren: Sie hatten (mit der Französischen Revolution) die Idee in die Welt gesetzt, dass alle Menschen gleich seien, aber für Frauen sollte das nicht gelten: Frauen hatten kein Wahlrecht, durften nicht auf Universitäten und so weiter. Von Anfang an haben Frauenrechtlerinnen auf diese Inkonsequenz hingewiesen. Und weil es keine logische oder auch nur plausible Begründung gab, behaupteten maßgebliche Theoretiker der bürgerlichen Gesellschaft und der Aufklärung kurzerhand, Frauen seien von ihrer „Natur" her eben für solche Dinge nicht geeignet. Das löste im Lauf des Jahrhunderts einen Riesenberg an Forschungen aus, die auch in der Tat ganz überwiegend zu dem Ergebnis kamen, dass Frauen nicht etwa aufgrund von bestimmten, von Männern getroffenen politischen Entscheidungen

nicht wählen, nicht öffentlich auftreten, bestimmte Jobs nicht bekommen und so weiter konnten, sondern aufgrund der wissenschaftlichen Tatsache, dass ihre „Biologie" das eben nun mal nicht zulasse". (http://antjeschrupp.com /2011/01/06/biologie-und-biologismus/)

Der Vorbehalt gerade auch von Feministinnen gegenüber der Biologie, liegt also nicht in der Biologie selbst begründet, sondern in einer patriarchalen Ideologisierung der Biologie, dem Missbrauch der Biologie, um patriarchale Herrschaftsverhältnisse zu implementieren und zu zementieren.

Das Ideal der französischen Revolution: „**Gleichheit, Freiheit, Brüderlichkeit**", bleibt innerhalb der patriarchalen Doktrin. Es richtet sich nur an Männer. Der Feminismus wendet sich gegen den Ausschluss der Frauen von diesem Gleichheitsideal. Gleichzeitig ist dieses **Gleichheitsideal** aber auch die **Falle des Feminismus**, denn er erkennt nicht, dass das Gleichheitsideal den Mann als Vorbild und Maßstab hat, was für das Überleben der Menschenart und das Leben insgesamt fatal ist. Die Biologie hingegen setzt nicht auf Gleichheit, sondern auf **Diversität**, **Integration** und **Kooperation**, um Leben bestmöglich und vor allem auch langfristig abzusichern.

Die biologische Realität:
Aus der Biologie wissen wir heute, dass menschliches Leben zu Beginn immer weiblich angelegt ist und, dass eine männliche Differenzierung erst zu einem späteren Zeitpunkt stattfindet. Wir wissen heute auch, dass der Samen des Mannes kein Samen ist, sondern Pollen. Wir wissen heute auch, dass die Spermien nicht etwa aktiv

schwimmen, sondern dass sie vom Gebärmutterschleim transportiert werden, d.h. also, dass der aktive Part nicht beim Mann liegt sondern, wenn schon, bei der Frau. Wir wissen auch, dass es eine Lüge ist, dass zu Beginn der Befruchtung unter den Spermien ein Konkurrenzkampf stattfindet und das stärkste Spermium den Konkurrenzkampf gewinnt. Die Theorie des Konkurrenzkampfs zwischen den Spermien gehört zur Kriegsideologie des Patriarchats, denn tatsächlich handelt es sich bei der Befruchtung um den Vorgang der **Kooperation**, denn nur in der Kooperation zwischen Gebärmutterschleim und der gegenseitigen Hilfe der Spermien untereinander kann eine Befruchtung stattfinden. Wir wissen heute auch einiges über die **Mitochondrien**. Mitochondrien sind Zellorganellen mit eigener Erbsubstanz. Sie sind die Energiekraftwerke der Zellen! Mitochondrien werden über das Plasma der Eizelle - nur von der Mutter vererbt, d.h. die Energiekraftwerke der Zellen, wo das ATP (Adenosintriphosphat), sozusagen das Benzin der Stoffwechselvorgänge herkommt, diese Energiekraftwerke werden nur **matrilinear** vererbt. Interessant ist in diesem Zusammenhang auch eine weitere Beobachtung der WissenschaftlerInnen. Man weiß heute, dass durch das Spermium einige männliche Mitochondrien in das Plasma der befruchteten Eizelle (Zygote) importiert werden. Diese männlichen Mitochondrien werden jedoch, wie es aussieht, recht schnell eliminiert, denn sie gelten als potentiell gefährlicher Zellmüll.

Die Natur schreibt also sehr deutlich ein anderes Skript als uns patriarchale Männer die letzten zweitausend Jahre weis machen wollten. Tatsächlich offenbaren diese mit ihren Behauptungen wider die Natur, dass sie jede Weisheit verloren haben. Kein Wunder! Verweigert doch der patriarchale Mann vom Baum der Weisheit zu essen, jenem Weisheitsbaum, der von paradiesischen Zuständen auf Erden berichtet, als die Männer sich noch innerhalb der Natürlichen Integrativen Ordnung der Mütter bewegten.

Diese Ordnung macht ganz klar, dass die Natur zur menschlichen Arterhaltung den Weg der Kooperation zwischen Männlich und Weiblich gewählt hat, dass diese Kooperation aber innerhalb der Natürlichen Ordnung der Mutter erfolgt, also einer mütterlichen Integration bedarf.

Einer **Gleichordnung zwischen Vater und Mutter**, wie sie auch der Gender-Feminismus vertritt, misst sie hingegen keine Bedeutung bei, da sie schon aus Gründen der genetischen Diversität keine monogame Paarbeziehung sondern eine wechselnde Sexualität von Frauen vorzieht und dem Vater deshalb auch kein natürlich sichtbares Kriterium zur sicheren Bestimmung von Vaterschaft gegeben hat. Wer trotzdem auf einer biologisch nicht verankerten "Gleichordnung" beharrt, befindet sich in einem typisch patriarchalen Denkansatz, nämlich dem, dass die Natur etwas nicht optimiert hat, und der Mensch der Natur künstlich nachhelfen muss. Da wir in unserem ganzen Denken tief patriarchalisch konditioniert sind, fällt das den Meisten, auch den meisten Frauen, nicht einmal auf.

Das Wesen männerzentrierter Gesellschaften:
Als wesentlichen Bestandteil männerzentrierter Gesellschaften kann die Sicherstellung der biologischen Vaterschaft angesehen werden, was die Natur aber ganz offen-

sichtlich nicht für wesentlich hält. Die Idee der Sicherstellung der Vaterschaft hat zur Internalisierung sozialtheologischer Dogmen wie Jungfern- und Keuschheitskult geführt, die über die Moral versuchen, im Alltag die Sexualität der Frauen zu kontrollieren und zu beschränken, was aber ebenfalls nicht im Interesse der Natur ist. Eine weitere widernatürliche Basis des Patriarchats ist **das Herauslösen des Mannes aus der Natürlichen Integrativen Ordnung der Mutter** und die **Schaffung reiner Männerräume**, wie es bei den ersten Kriegsraubzügen durch Streitwagenkrieger und Reiterkrieger beginnt, in Klöstern fortgesetzt wird, im Laufe des 18. Jahrhunderts im Kasernen- und Schulwesen in Europa organisiert wurde und bis heute noch institutionell nachwirkt. Wikipedia erläutert hierzu, dass im Zuge dieser Schaffung reiner Männerräume eine **breite Militarisierung der männlichen Bevölkerung** stattfand und, dass diese Militarisierung für alle Männer verpflichtend, als Ideale regelmäßiges **Training zur Gewaltanwendung**, das **Ignorieren von Emotionen, Empathie oder Schmerz** mit sich brachte. (Wikipedia: Stichwort Misogynie). Dazu schreibt Stephanie Ursula Gogolin in ihrem Blog in einem Beitrag unter dem Stichwort „Patriarchat":

*„Der Vorsprung der Mobilität durch Reit- und Zugtiere zu Beginn der patriarchalen Verhältnisse begünstigte die **(unnatürlich männerlastige) Horde** und unterstützte die hierarchisch strukturierte Herrschaftsform. Terror, das Ausüben von Gewalt zur Abschreckung, wurde zur gängigen Strategie und zur Prävention gegen Aufmüpfigkeit und natürliche Lebensart. Der **nunmehr destruktive Mann** erklärte sich **zum Schöpfer durch Zerstörung der natürlichen Bedingungen** und seiner Neuordnung durch Unterwerfung". (www.stephanieursula.blogspot.com: Stich*

wort Patriarchat, Label Matrifokal: 1.6.2014).

Und tatsächlich ist diese patriarchale Ideologisierung noch tief im männlichen Bewusstsein verankert. Besonders deutlich wird das auch im wirtschaftlich existentiellen Bereich, der noch bis heute, was die führenden Positionen angeht, ein **weitgehend frauenfreier und völlig kinderfreier Raum** ist. Fatalerweise entspricht ein solcher Wirtschaftsraum überhaupt nicht der Natur und so ist es eben auch nicht damit getan, dass Frauen einfach nur in einen männerzentrierten Raum als Karrierefrauen integriert werden, sondern es muss ein **umgekehrter Prozess initiiert** werden, nämlich der, dass **die patriarchal induzierten, vom Leben der Art abgespaltenen Männerräume aufgelöst werden und sich wieder in das Natürliche Integrative Mütterliche System einzufügen haben**. Nicht die Frauen müssen sich dem Patriarchat anpassen, sondern die Männer müssen wieder in die Natürliche Integrative Ordnung der Mutter zurückgeführt werden. Das kann nur durch ein Aufzeigen des patriarchalen Denkkorsetts erfolgen.

Die matrifokalen DenkerInnen versuchen dieses patriarchale Denkkorsett sichtbar zu machen, damit wir wieder verstehen, wie die Natur eigentlich das Aufziehen der Menschenart biologisch konzipiert hat. Ganz klar können wir erkennen, dass die Natur weder dem Konkurrenz- und Herrschaftsprinzip noch dem Dualitätsprinzip folgt, sondern, dass diese Prinzipien zum Paradigmenrepertoire des Patriarchats gehören, welche die Natur verdrehen, manipulieren, technologisch verbessern und letztendlich beherrschen wollen. Klar wird aber auch, dass die Natur auf **Integration, Kooperation** und **Diversität** setzt,

Prinzipien, die nicht auf dem zerstörerischen Fundament fehlgeleiteter kopfgeburtlicher Spaltungsideologien beruhen, sondern in der **Weisheit des Lebens** selbst begründet sind.

In einem weiteren Blogbeitrag umreißt Stephanie Ursula Gogolin die natürliche Entwicklung des Lebens:

*„Das überaus durchsetzungsfähige Phänomen „Leben", das sich mit allen Bedingungen des Planeten Erde immer wieder arrangiert und eine gigantische Vielfalt hervorbringt, hat auch eine Spezies kreiert, die sich selbst als Mensch bezeichnet. Die Spezies Mensch, deren Individuen einzeln relativ hilflos sind, entwickelte sich über viele Jahrtausende zu einem der anpassungsfähigsten Teilnehmer der verschiedenen Varianten des Ökosystems Erde. Ihre speziellen Fähigkeiten sind vor allem geschickte Überlebensstrategien mit denen sie sich an alle Klimazonen dieser Welt angepasst hat. Überall gelingt es Menschen ihre Kinder aufzuziehen. Die besondere Langzeit-Pflege des menschlichen Nachwuchses wurde einzigartig mit einer Grundform einer speziellen Alltagskultur verknüpft. **Wir können davon ausgehen, dass ursprünglich jede Kulturtätigkeit des Menschen ein Nebenprodukt des Arterhalts ist und sich in der gegenseitigen Fürsorgearbeit niederschlug. Dass heißt, jede Erfindung einer neuen Kulturtätigkeit oder deren Weiterentwicklung, die zu einer Verbesserung der Alltagsbedingungen führten, kam dem Nachwuchs und somit der Angehörigengruppe zu Gute.** Die patriarchösen bzw. androzentrierten Strukturen dagegen haben nicht das Geringste mit einer natürlichen oder „besseren" Entwicklung zu tun. Das Patriarchat mag ja mehr als nur eine „Ursache" haben, letztendlich sind die Grundlagen dieser Gesellschaftsform vor allem durch Waf-*

fengewalt installiert worden. Die einst gewaltsam durch Herrschermacht, also per Inanspruchnahme von Privilegien und exekutiv erzwungener Gesetzestreue, eingeführte und durchgesetzte, scheinbar omnipotente, Vaterdominanz ist keine natürliche Entwicklung". (www.stephanie ursula.blogspot.com: Möge der Bessere gewinnen).

Die Autorin bleibt nicht bei der Kritik der androzentrierten Strukturen stehen, sondern stellt klar, wie ein naturgemäßes Aufwachsen der Menschenart aussieht. Sie schreibt:

„Der Mensch ist als Individuum relativ gefährdet und schützte sich daher durch die verlässliche Gruppe. Überlebt hat (aus evolutionärer Sicht) der Sippenverband in dem alle Angehörigen für einander einstanden. In diesen Sippenverbänden wurde ein Jedes gebraucht, um dem Nachwuchs ein gesichertes Aufwachsen zu ermöglichen. Die matrilineare Gruppe, bestehend aus durch Geburt verwandte Angehörige, war der bewährte verlässliche Entwicklungsraum, die effektivste Schutzsphäre, für den menschlichen Nachwuchs". (ebenda).

Und sie ergänzt:

„Der Mensch ist von Natur aus vor allem ein Bezugswesen in (s)einer angehörigen Bindungsgruppe. Der angeborene Drang zur Zugehörigkeit sowie das (generationsübergreifende) Fürsorgebedürfnis können daher nur in einer alltäglichen und unmittelbaren Nähe stattfinden" (ebenda).

Gogolin schließt daraus, dass in der menschlichen (Ur)Gruppe die tragenden Elemente **empathisches und**

kooperatives Verhalten sind. Und sie stellt schlussendlich klar, dass wir uns heute in einer Art **Stockholmsyndrom** bewegen, die unsere Alltagskultur prägt, dass dies aber nicht bedeute, dass sich das patriarchale System als das evolutionsbiologisch fortschrittlichere erwiesen habe. Sie schreibt:

„Nun existieren die Strukturen einer mütterlichen Sippe unter patriarchalen Gesellschaftsverhältnissen schon längst nicht mehr. Das für den Menschen typische, angeborene Bedürfnis sich in vertrauten sozialen Zusammenhängen aufzuhalten und mit seinen Bindungsangehörigen permanent in einen wohltuenden interaktiven Austausch zu treten, verschwindet ja nicht einfach, nur weil unsere Gesellschaftskultur ein System hervor gebracht hat, dass den Menschen aus seinen Herkunftsbindungen herauslöst und ihn quasi zwingt gegen seine Natur zu leben. Ich schreibe hier immer wieder 'Mensch', was von vielen immer noch automatisch bzw. unbewusst mit Mann assoziiert wird. Das Problem jedoch ist, dass dieses überwiegend fremdbestimmte Dasein ein noch größeres Fiasko für den weiblichen Teil des Menschengeschlechtes ist (und somit auch den männlichen Anteil beeinträchtigt). Schon längst sind alle permanent in die patriarchalen Muster verstrickt, auch wenn sie ursächlich immer nur durch den privilegierten Teil der Alphamänner initiiert und erhalten werden. Nun schaffen diese Machtmänner das nicht etwa, weil sie so eine überlegene humane Kompetenz besitzen, wie immer gern verbreitet wird, sondern weil immer noch ein stetig steigendes Potential an sichtbarer und unsichtbarer (Waffen)Gewalt die Welt im Griff hat und schon längst als unaufhörliche Bedrohung in unser aller Unterbewusstsein eingesickert ist. Hemmungslose Skrupellosigkeit gegenüber Mensch und Tier und dem gesamten Öko-

system der Erde, hat zu einer Situation geführt, die mit einer Geiselnahme vergleichbar ist. Viele Millionen Menschen sind davon beeinträchtigt. Und sie stecken in einer Art **Stockholmsyndrom**. Daher nehmen wir die latente Gewaltsituation, die unsere Gesellschaftskultur steuert, oft nur noch dort wahr, wo sie gerade wieder, in einem Krieg oder einer politischen Krise, offen tobt. In den ideologischen Verquickungen der patriarchalen Lehren mit unserer Alltagskultur haben die meisten gelernt, ihre Geiselnehmer zu "lieben" und ihnen zu vertrauen. Dass die "erfolgreiche" menschliche Spezies trotz der verschärften Bedingung einer patriarchösen Annektion, nicht unterging, bedeutet nicht, dass das patriarchale System das evolutionär Fortschrittlichere ist. Eigentlich beweist es uns doch nur, dass auch die kläglichen Reste der einstigen Müttergemeinschaften selbst unter mangelhaften oder grausamen Bedingen fähig sind, die menschliche Art zu erhalten". (ebenda).

Ein Plädoyer für die Natur

Viele Menschen spüren heute, dass das patriarchal-weltschöpferische Logos-Experiment gescheitert ist, denn die Früchte dieser mütterbefreiten Herren sind verheerend für die Ganze Welt: Die Erde ist ein blutgetränktes Schlachtfeld geworden und das Schlachten der verschiedenen patriarchalen Spaltungsideologien nimmt kein Ende. Tatsächlich ist es höchste Zeit deren Wahnideologien, die die ganze Welt beherrschen wollen, in Frage zu stellen. Widerstand beginnt mit Fragen und so wollen wir anfangen Fragen zu stellen, Fragen folgender Art:

13 Fragen des Widerstands

1. Ist es im Sinne der Natur, dass weitgehend frauenbefreite und völlig kinderbefreite Männerräume, wie wir sie in den Machtzentren der Wirtschaft, der Theologie, der Politik und des Militärs finden, unser Leben beherrschen?

2. Ist es im Sinne der Natur, dass wir unser Leben rasend in einem Hamsterrad verbringen?

3. Ist es im Sinne der Natur, dass wir Fürsorgearbeit nicht als Arbeit honorieren und diejenigen, die diese lebensnotwendige Arbeit leisten von der ökonomischen Existenzsicherung durch unsere, von lebensisolierten Männerräumen definierte Erwerbsarbeit ausgrenzen, bzw. in unnatürliche, von Kindermitnahme abgetrennte Arbeitsformen hineinzwingen?

4. Ist es im Sinne der Natur, dass wir uns von einem patriarchatskonformen Feminismus, der nicht verstanden hat, dass die Kernfrage des Patriarchats die Mütterfrage ist, in ein nicht funktionierendes lebensfeindliches Vätersystem hineinzwingen lassen, weil der Grad an Emanzipation in dieser Denkweise der Grad der Patriarchatsanpassung ist?

5. Ist es im Sinne der Natur, dass wir schnellstmöglich unsere Ursprungs-Nabelblutsfamilien verlassen, um als Single oder gleich- bzw. heterosexuell orientierte Paarwesen vereinzelt/verzwei-felt unser Leben zu verbringen?

6. Ist es im Sinne der Natur, dass wir Familie nur als Paarungsfamilie von zwei Fremden und nicht mehr im Clankern konsanguinal, artgerecht ergänzt durch einen exogamen Clanbereich, zu dem auch fürsorgliche Väter gehören können, denken können?

7. Ist es im Sinne der Natur, dass wir die Betreuung unserer Töchter und Söhne und Enkel und Enkelinnen völlig fremden Institutionen überlassen, um sie einer maximalen Anpassung an ein Gesellschaftssystem auszuliefern, das schön längst seine Lebensunfähigkeit bewiesen hat?

8. Ist es im Sinne der Natur, dass wir uns Gott nur männlich oder transzendent außerhalb der Integrativen Ordnung der Mutter vorstellen?

9. Ist es im Sinne der Natur, dass wir den Tod tabuisieren und den Kreis des Lebens nicht mehr erkennen können?

10. Ist es im Sinne der Natur, dass wir die Erde als tote Materie betrachten, die wir nach Menschenbelieben ausbeuten können und sollten?

11. Ist es im Sinne der Natur, dass wir Lebensvielfalt zerstören, sei es durch Gift oder Ideologisierungen, die gleichermaßen zerstörerisch wirken?

12. Ist es im Sinne der Natur, dass wir Tiere qualvoll in Massen halten, um Maximalbedürfnisse an Fleischkonsum zu Minimalkosten zu befriedigen?

13. Ist es im Sinne der Natur, dass wir die Mütter-Großmütter-Ahninnenlinie aus dem gesellschaftlichen Bedeutungsbewusstsein verdrängt haben?

Natur ist etwas völlig anderes als uns das Patriarchat vorgaukeln will.

Natur ist Schönheit, Wildheit, Vielfalt, Weisheit, Zeit, Wandlung

Natur ist atemberaubend.

In den poetischen Worten von Starhawk finden wir Natur treffend beschrieben. Da heißt es:

Ich bin die Schönheit der grünen Erde
und die weiße Mondin unter den Sternen
und das Geheimnis der Wasser.
Ich rühre deine Seele an,
damit sie sich erhebe und zu mir komme.
Denn ich bin die Seele der Natur,
die dem Weltall das Leben schenkt.
Von Mir kommt alles her,
in Mich kehrt alles zurück.
(Starhawk,aus Noble, Vicki, 2006)

Mögen die Großmütter und Mütter unterstützt von Schwestern, Tanten, Brüdern, Onkeln und fürsorglichen Vätern, ihren Kindern die Weisheit der Natur wieder nahe bringen. Damit sie das erneut können, brauchen wir wieder

Matrifokalität

also

Mütter im Zentrum der Zivilisation.

Das bedeutet:

Wirtschaft, Religion, Arbeitswelt müssen sich an den Müttern orientieren, denn nur sie garantieren, dass Leben weitergegeben wird, von Generation zu Generation und zwar im Gleichgewicht mit der Natur.

Die patriarchalen Strukturen hingegen führen zu einem Ungleichgewicht, das sich indikatorisch in der Zahl der Geburten spiegelt. Frauen in restriktiven patriarchalen Verhältnissen bekommen zu viele Kinder, weil es hier vor allem darum geht, die **patrilineare Vaterlinie als Ausdruck väterlicher Potenz** fortzuführen. Frauen in scheinbar entwickelten Ländern bekommen zu wenige Kinder, weil die Orientierung der Arbeitswelt an männlichen linearen Lebensläufen zu einem so hohen **Stressfaktor** führt, welcher der **Fortführung der Generationenlinie** im Wege steht. Nur eine grundlegende Patriarchatssystemkritik kann zu lebensverträglichen Veränderungen führen. Ein oberflächlicher Feminismus, der den Mann als Maß aller Dinge zum Maßstab nimmt, kann dies nicht!

Matrifokalität heute – Mütter im Zentrum als artgerechter Lösungsansatz zur Rettung der Natur

Wenn Matrifokalität die artgemäße Lebensweise der menschlichen Spezies ist, dann ist sie keine Zeiterscheinung der Steinzeit, sondern auch heute noch hochaktuell. Welche Vorteile bietet Matrifokalität gerade in unserer hochkomplizierten Zeit?

Vorteile von Matrifokalität

- Die Erziehungsarbeit ist auf viele verschiedene Menschen der Sippe verteilt, was Einseitigkeit und Überforderung vorbeugt und Vielseitigkeit fördert.

- Der Lebenskontext der neuen Generation ist wesentlich stabiler als die patriarchatsalternative Variante der Ehe, die auf einem leicht flüchtigen Liebesgefühl und der natürlich-kurzzeitigen sexuellen Anziehung zwischen Exogam-Fremden oder auf einer arrangierten patrilokalen Form beruht.

- Existentielle Trennungs-Traumen durch Scheidungen werden für die Kinder vermieden, und die sollten nicht unterschätzt werden, liegt doch in westlichen Kulturen die Scheidungsrate bei 40 % und wird nur unter restriktiv-theologischen Bedingungen und meistens damit verbundenen ökonomischen Abhängigkeitsverhältnissen von Müttern zumindest äußerlich sichtbar unterschritten.

- Der Schutz vor Gewalt und sexuellem Missbrauch von Frauen und Kindern durch die matrifokale Sippe ist wesentlich höher und dieser Schutz ist dringend nötig, denn selbst in Deutschland, das als zivilisiert gilt, sind die aktuellen Zahlen des Bundeskriminalamtes bei den Tötungsdelikten alarmierend, denn demnach sind 49,2 Prozent aller getöteten Frauen Opfer ihres aktuellen oder ehemaligen Partners.

- Die ökonomische Absicherung der matrifokalen Familie hängt nicht an einem Einzelnen, sondern ist durch eine Verteilung auf mehrere Schultern, wesentlich breiter aufgestellt.

- Die Geburtenrate wird nicht mehr durch theologische Vermehrungsindoktrinationen fehlgeleitet, sondern obliegt dem Verantwortungsbereich der Frauen, die erfahrungsgemäß von patriarchalen Strukturen befreit, die Fortpflanzung den natürlichen Ressourcen anpassen, womit eines der dringendsten Probleme unserer exponentiellen Wachstumszwangsgesellschaft, der heute auch das Bevölkerungswachstum obliegt, gelöst werden könnte.

- Verantwortungsvolle Väter könnten problemlos in eine matrifokale Sippe integriert werden.

Was bedeutet ein Wiedererwachen des matrifokalen Bewusstseins heute in der Praxis?

Auch wenn wir unter patriarchalen Lebensbedingungen leben, so können wir doch versuchen einige matrifokale Grundsätze in unserem Leben zu verwirklichen und uns von patriarchalen Ideologien befreien.

Matrifokalität in der Praxis:

- Ein erster matrifokaler Lösungsansatz ist es, der fixen Idee des Märchenprinzen (oder der Märchenprinzessin), welche(r) die Große Liebe des Lebens sein soll, nicht hinterher zu jagen, da sie nicht mit der Realität übereinstimmt, sondern zu den patriarchalen Romantikkonditionierungen gehört. Sinnvoll ist es, Erotik und Sexualität, egal ob gleichgeschlechtlich oder heterogeschlechtlich, unbefrachtet von Existenzsorgen zu genießen und Freundschaften auf der Basis gemeinschaftlicher Interessen zu schließen. Bei einem Kinderwunsch der Frauen gibt es entweder die Möglichkeit der anonymen Väter, das heißt, frau entschließt sich von vorneherein ein Kind ohne Bekanntwerden des leiblichen Vaters, möglichst eingebettet in einen Clan zu versorgen. Als zweite Möglichkeit, bei dem Wunsch der Einbeziehung des Vaters, empfiehlt es sich, den Verstand einzuschalten und den Schwerpunkt bei der Vatersuche nicht auf sexuelle Kurzanziehung zu legen, sondern auf Charakterstärke, Zuverlässigkeit, langfristiges Verantwortungsbewusstsein und Fürsorglichkeit: also **Vätertauglichkeit**. Besonders sinnvoll ist es, bei der Überprüfung der Vätertauglichkeit die Mutter des auszusuchenden Vaters anzuschauen, da Mütter naturgemäß immer einen prägenden Einfluss auf ihre Söhne hatten. Für Männer, die einen Kinderwunsch hegen, empfiehlt es sich, nicht auf Alleinversorger zu setzen, sondern sich zusätzlich zu einer Berufsausbildung ein hohes Maß an Humankompetenz, Fürsorgebewusstsein, Naturbewusstsein, ökologischem Wissen und Haushaltswissen inclusive Putzkompe-

tenz anzueignen, um vätertauglich zu sein. **Vätertauglichkeit der Zukunft** ist also nicht mehr länger
mit **Herrschaftsmacht** korreliert, sondern mit **Hu-
man- und Naturanbindungskompetenz**.

- Sinnvoll ist es insgesamt, einen Kinderwunsch nicht
  von einem vorhandenen Vater und einer Paarungsfamilie abhängig zu machen, sondern auf einer Clan-
  netzstruktur von Großmüttern, Tanten und Schwestern aufzubauen, die durch blutsverwandte und nicht
  blutsverwandte Männer und Frauen, und auch ge-
  eignete fürsorgliche Väter, sowie öffentliche Be-
  treuungsangebote ergänzt werden kann. Ein solches
  Clannetz gewährleistet die für die außergewöhnlich
  lange Fürsorge eines Menschen notwendige Stabili-
  tät. Frauen, die keinen der heutenoch sehr rar gesä-
  ten vätertauglichen Partner gefunden haben, werden
  damit auch nicht mehr als „alleinerziehend", im Sinne eines Mangels herabgesetzt, sondern erleben als
  matrifokal Erziehende eine deutliche gesellschaftli-
  che Aufwertung und Absicherung.

- Grundsätzlich ist gut abzuwägen, ob es angesichts
  der Überbevölkerung der Erde durch die Menschenart sinnvoll ist, selbst Mutter oder Vater zu werden,
  oder ob es nicht sinnvoll ist, sich bei der Fürsorgearbeit anderer zu beteiligen, sei es bei der Versorgung
  von Kindern, sei es bei der Versorgung von der alten
  Generation, oder sei es in anderen lebensnaturerhal-
  tenden Bereichen.

- Eine gute Berufsausbildung ist für Frauen überle-
  bensnotwendig, gepaart mit ökonomischem, aber
  auch ökologisch-kritischem Verständnis, denn eine

**weitgehende ökonomische Autarkie von Frauen
ist in matrifokalen Verhältnissen unerlässlich**.
Sinnvoll ist, eine monetäre Erwerbsarbeit mit Subsistenzwirtschaft zumindest auf Gartenebene zu ergänzen, wobei gerade auch eine gärtnerische Gemeinschaftsnutzung, wie es in der Transitiontownbewegung oder beim Guerillagärtnern praktiziert wird,
sinnvoll sein kann.

- Für Matrifokalität ist es durchaus wichtig, die Einseitigkeit der wirtschaftlichen und politischen Führung
durch geschlossene Männerräume durch das Anstreben von weiblichen Führungspositionen aufzureißen, nicht um dem patriarchalen System zu dienen,
sondern um das patriarchale, kinderfreie System zu
unterwandern und dort lebensfreundliche Impulse
zu setzen. Anzustreben ist, dass durch eine kritische
Masse an naturbewussten Menschen, die wirtschaftsund gesamtpolitischen gesellschaftlichen Rahmenbedingungen insgesamt verändert werden.

- In den theologischen Bereich sollte keinerlei matrifokale Energie mehr fließen. Zu erkennen gilt, dass
sämtliche heutige Welttheologien, einschließlich
Buddhismus und Hinduismus tief patriarchalzerstörerisch wirken und auch eine **unkritische**
Hinwendung zu Esoterik oder Neuheidentum keineswegs sinnvoll ist, da sich auch diese Strukturen
überwiegend im patriarchal-kriegerischen Kontext
bewegen. Sinnvoll ist es, der Natur mit Achtung und
Respekt und mit einem Bewusstsein von Heiligkeit
zu begegnen. Religion kann als Anbindung an die Natur verstanden werden, die man sich als mütterlich

vorstellen kann, wobei Gott durchaus auch männlich
gedacht werden kann, da der Mann ja Teil der Natur
ist. Die bisher entwickelten männlichen Gottesbilder
erweisen sich aber, wenn man verstanden hat, dass
sie alle dem Herrschaftsstreben entsprungen sind,
als ziemlich untauglich, so dass es Sinn macht, sie
neu, innerhalb der Natürlichen Mütterlichen Ordnung integriert, zu denken.

- Bezüglich der Ernährung ist es sinnvoll, sie überwiegend vegetarisch oder vegan auszurichten, da dies
nicht nur physiologisch natürlich ist, sondern aus
heutigen dringend gebotenen Naturrestaurierungs-
gründen dringend geboten ist. Bei einer Nahrungser-
gänzung durch tierische Lebewesen, wie es durch die
Jäger im Paläolithikum üblich war, ist auf einen sorg-
samen und ehrfurchtsvollen dankbaren Umgang mit
den Tieren zu achten. Die Massentierhaltung der
heutigen Landwirtschaft ist als tierquälerisch absolut
abzulehnen.

- Da viele Lebensräume von Tieren und Pflanzen
durch den räuberischen Umgang der Menschenart
heute vom Aussterben bedroht sind, ist es sinnvoll,
sich politisch bei lebensbewussten Nichtregierungs-
organisationen oder auch anderweitig politisch zu
engagieren. Wichtig ist es aber auch sich mit Perma-
kulturideen auseinanderzusetzen und den eigenen
Garten, das eigene Dorf, die eigene Stadt in ein Bio-
top der biologischen Vielfalt umzuwandeln, in dem
auch Nahrungspflanzen im Sinne der Subsistenzwirtschaft für den menschlichen Verzehr angebaut werden, aber vor allem darauf zu achten ist, dass eine
Vielzahl von verschiedenen Lebensräumen geschaf-

fen wird, um Rückzugs-, Aufzucht-, und Nahrungsangebote für andere Lebewesen zu schaffen. Ein Garten in unseren Breiten sollte ein Platz für Bienen, Hummeln, Schmetterlinge, Ameisen, Schwebfliegen, Libellen, zahlreiche andere Insekten, Vögel, Kröten, Frösche, Ringelnattern, Eidechsen, Igel, Fledermäuse oder Blindschleichen sein, um nur einige GartenbewohnerInnen zu nennen, während die Anzahl von Katzen und Hunden oder exotischen Tieren in Haushalten wohl eher als gesättigt bezeichnet werden kann.

- Das Schulsystem gehört aus matrifokaler Sicht stark hinterfragt, da viele der Lerninhalte patriarchale Prägung weitertragen. Die theologischen Angebote gehören aus dem Schulbereich völlig entfernt, der Geschichtsunterricht, der die matrifokale Geschichte außer Acht lässt und die patriarchale heroisiert, stark korrigiert, ebenso aber die Werteweitergabe durch philosophische, psychologische, literarische Texte patriarchal entrümpelt. Insgesamt ist der Leistungsdruck durch die Konkurrenzanheizung deutlich zurückzudrehen und stattdessen wesentlich mehr auf Kooperation zu setzen. Fürsorgearbeit und Naturkunde müssen neue schulische Hauptfächer werden.

Fazit: Die patriarchale Zivilisation wird nicht überlebensfähig sein, aber die offensichtliche Krise des patriarchalen Systems eröffnet neue Denkräume. Das Denken und Leben in matrifokalen Lebenszusammenhängen ist hierbei ein vielversprechender Ansatz, da er in uraltem Wissen wurzelt und bewiesen hat, dass er über den

größten Teil der Menschheitsgeschichte als artgerecht
und andere Arten erhaltend, funktioniert hat.

Literaturverzeichnis

Armbruster, Kirsten: Der Jacobsweg – Kriegspfad eines Maurentöters oder Muschelweg durch Mutterland? Die Wiederentdeckung der Wurzeln Europas – Teil 1, Norderstedt, 2013

Armbruster, Kirsten: Gott die MUTTER; Eine Streitschrift wider den patriarchalen Monotheismus, Norderstedt, 2013

Armbruster, Kirsten: Das Muttertabu oder der Beginn von Religion, Riedenburg, 2010

Armbruster, Kirsten: Starke Mütter verändern die Welt. Was schiefläuft und wie wir Gutes Leben für alle erreichen, Rüsselsheim 2007

Bott, Gerhard: Die Erfindung der Götter; Essays zur Politischen Theologie; Norderstedt 2009

Bott, Gerhard: Zur sozialen Ordnung der Bovidenzüchter unter www.gerhardbott.de

Bott, Gerhard: Reflexionen zur Fruchtbarkeitssymbolik und zur kulturellen Entwicklung des menschlichen Sexualverhaltens unter www.gerhardbott.de

Diez, Georg: Irgendjemand zahlt immer; DER SPIEGEL, Nr. 27; 30.6.2014

Eisler, Riane: Die Kinder von morgen; Die Grundlagen der partnerschaftlichen Bildung; Freiamt im Schwarzwald; 2005

Gogolin, Stephanie Ursula: Möge der Bessere gewinnen und Patriarchat, Label matrifokal
unter www.stephanieursula.blogspot.com

Göttner-Abendroth, Heide: Die Göttin und ihr Heros, Die matriarchalen Religionen in Mythen, Märchen, Dichtung, Stuttgart, 2011

Johnston, Anita: Die Frau, die im Mondlicht aß; Ess-Störungen überwinden durch die Weisheit uralter Märchen und Mythen, München, 2003

Laotse: Tao Te King; Eine zeitgemäße Version für westliche Leser, München, 2003

Merchant, Carolyn: Der Tod der Natur; Ökologie, Frauen und neuzeitliche Naturwissenschaft, München, 1994

Noble, Vicki. Mythen, Musen und Tarot; Motherpeace, München 2006

Obermüller, Barbara: Die weibliche Seite der Ur- und Frühgeschichte; Mit besonderem Blick auf Hessen, Rüsselsheim, 2014

Schrupp, Antje:Biologie und Biologismus http://antjeschrupp.com/2011/01/06/biologie-und-biologismus/)

Stopczyk, Annegret (Hg.): Muse, Mutter, Megäre, Was Philosophen über Frauen denken, Berlin, 1997

Uhlmann, Gabriele: Archäologie und Macht; Zur Instrumentalisierung der Ur- und Frühgeschichte, Norderstedt 2011, 2012

Uhlmann, Gabriele: Patriarchats- und Urgeschichtsforschung: Erforschung der Matrifokalität unter www.gabriele-uhlmann.de

Weiler, Gerda: Der enteignete Mythos; Eine notwendige Revision der Archetypenlehre C.G. Jungs und Erich Neumanns, München, 1985

Werlhof von, Claudia: West-End; Das Scheitern der Moderne als "kapitalistisches Patriarchat" und die Logik der Alternativen, Köln, 2010

Werlhof von, Claudia: Die Verkehrung; Das Projekt des Patriarchats und das Gender-Dilemma; Wien, 2011

Wolf, Doris: Was war vor den Pharaonen? Die Entdeckung der Urmütter Ägyptens; Zürich, 1994

Anmerkungen:

Die im Text verwendete Zeitangabe v.u.Z. bedeutet: vor unserer Zeitrechnung. Die Hervorhebungen im Text wurden von der Verfasserin vorgenommen.

Zur Autorin

Dr. Kirsten Armbruster ist Naturwissenschaftlerin und gehört zu den führenden Köpfen der Patriarchatskritikforschung. Sie wurde 1956 in Dortmund geboren, wuchs in Kairo auf, machte ihr Abitur in Fürstenfeldbruck, studierte Agrarwissenschaften an der Universität in Göttingen, promovierte in Physiologischer Chemie an der Tierärztlichen Hochschule in Hannover und denkt heute darüber nach, wie Leben mit der Natur statt gegen die Natur gestaltet werden kann.

Weitere Veröffentlichungen der Autorin:
Der Jacobsweg – Kriegspfad eines Maurentöters oder Muschelweg durch Mutterland? Die Wiederentdeckung der Wurzeln Europas, Teil 1, Norderstedt, 2013

Gott die MUTTER – Eine Streitschrift wider den patriarchalen Monotheismus, Norderstedt, 2013

Das Muttertabu oder der Beginn von Religion, Riedenburg, 2010

Starke Mütter verändern die Welt; Rüsselsheim, 2007

Verschiedene Essays im Bronski-Blog (Frankfurter Rundschau), in der Mädchenmannschaft, im Mütterblitz und im Blog: kirstenarmbruster.wordpress.com

Weitere Informationen zur Autorin:
www.edition-courage.de
www.kirsten-armbruster.de
www.courageconsult.de
Facebook und Twitter